ROLF SCHNEIDER

DAS MITTELALTER

ROWOHLT · BERLIN

1. Auflage September 2009
Copyright © 2009 by Rowohlt · Berlin Verlag GmbH, Berlin
Alle Rechte vorbehalten
Umschlaggestaltung any.way, Walter Hellmann
(Illustration: Ludwig IX. als Gefangener/
franz. Buchmalerei, akg-images)
Satz aus der Guardi PostScript (InDesign)
von hanseatenSatz-bremen, Bremen
Druck und Bindung CPI–Clausen & Bosse, Leck
Printed in Germany
ISBN 978 3 87134 161 8

INHALT

EINLEITUNG

Immer wenn es Sommer wird, bricht hierzulande das Mittelalter aus. Unter freiem Himmel eröffnen Märkte, die Handgewebtes, Holzwaren und urtümliches Tongeschirr feilbieten, die zugehörigen Verkäufer tragen Wämser und Beinkleider der Zeit um 1300. Kein Folklore-Festival ohne mittelalterlich gekleidete Musiker mit Drehleier und Dudelsack. Gaststätten rüsten zu mittelalterlichen Mahlzeiten, dieweil jedes zweite Burgmuseum mit Folterkellern und Galerien voll blinkender Ritterrüstungen lockt. Im Kino und im Fernsehen laufen ständig Spielfilme über Artus, Robin Hood und Jeanne d'Arc.

Solch sehnsüchtige Hinwendung zu einem weit entfernten Abschnitt unserer Geschichte ist verwunderlich. Sie gleicht der langanhaltenden Konjunktur der Saurier, die mit exakter Wissenschaftlichkeit auch nicht viel zu tun hat, und hier wie dort sind die Gründe nicht leicht zu bestimmen. In Sachen Mittelalter dürfte einer der jüngeren Impulse vom Jahr 2000 ausgegangen sein. Damals erinnerte man sich, dass ein derartiges Millennium schon einmal stattgefunden hatte, im Jahr 1000, das die Zeit des hohen Mittelalters war. Da lag nahe, neben den Ängsten, Träumen und Hoffnungen, die dereinst vorherrschten, außerdem die allgemeinen Zustände zu beschreiben, in denen Menschen lebten. Man ergänzte damit Mittelalterinteressen, die es schon seit zwei Jahrhunderten gab, bei wechselnder Intensität.

Nun ist Mittelalter ein einigermaßen schillernder Begriff. Erstmals kam er auf, als der Zeitabschnitt, den er benannte, eben vorüber war, etwa nach dem Jahr 1500. Man fing zumal in Italien an, sich nachdrücklich für die griechisch-römische Antike zu interessieren, die, völlig zu Recht, als ein Höhepunkt kultureller und zivilisatorischer Leistungen empfunden wurde; die Zeit, die der Antike unmittelbar gefolgt war und von der man sich entschieden abwenden wollte, wurde als ein hässlicher Bruch innerhalb der Menschheitsentwicklung gesehen, als schäbige Mitte zwischen den zwei strahlenden Polen Altertum und Neuzeit. Letztere trat mit dem Anspruch auf, eine Renaissance, eine Wiedergeburt der Antike zu sein. In dem Wort Mittelalter klingt, wenigstens im Deutschen, das Wort Mittelmaß an. Die Renaissance-Menschen urteilten noch viel harscher. Sie sprachen vom dunklen, gar vom finsteren Mittelalter.

Bei dieser Einschätzung blieb es rund dreihundert Jahre. Erst ab der Zeit um 1800 erfolgte eine Umkehr. Man war des fortwährenden Antike-Kults etwas müde geworden, richtete einen unverstellteren Blick auf die eigene Geschichte und entdeckte, dass sie so durchweg finster und glanzlos nun doch nicht gewesen war. Romanautoren und Bildermaler beschrieben den Reiz jener Jahrhunderte, deren Kathedralen, Burgen und Fachwerkhäuser für jedermann sichtbar in Städten und Landschaften standen. Die exakte Geschichtswissenschaft, die zur gleichen Zeit einsetzte, besah die einstigen politischen Vorgänge, auch um das nationale Selbstwertgefühl zu stärken.

Was und wie ist also Mittelalter?

Der Zeitraum lässt sich in etwa bestimmen. Er reicht vom fünften bis zum fünfzehnten nachchristlichen Jahrhundert. Wobei in jedem europäischen Land die Zeitgrenzen etwas anders ausfallen können, nämlich entsprechend dem noch bis ins zwanzigste Jahrhundert anhaltenden Zivilisations- und Entwicklungsgefälle von Süd nach Nord und von West nach Ost. Genaue Jahreszahlen lassen sich selten benennen, da die Epochengrenze auch vom jeweiligen Gegenstand der Betrachtung abhängt und in kultureller Hinsicht anders verlaufen kann als politisch, wirtschaftlich oder religionsgeschichtlich. Jedenfalls brauchten die zivilisatorischen Veränderungen ihre Zeit.

Wir sprechen hier von Europa, mit dem Mittelmeer als Zentrum, wie auch, ein wenig, von den angrenzenden Gebieten Afrikas und Asiens. Wir wollen nicht vergessen, dass jenseits dieses Raumes andere Regionen liegen, die zur genau gleichen Zeit eine gänzlich andere Geschichtsentwicklung erfuhren: das zentrale und östliche Asien, das mittlere und südliche Afrika. Zwischen ihnen und Europa konnte es gelegentlich zu Berührungen kommen. Völlig für sich verliefen die Dinge in Lateinamerika, wo zur Zeit des europäischen Mittelalters die Hochkulturen der Maya, Inka und Azteken entstanden.

So viel zunächst über Raum und Zeitgrenzen, von denen dieses Buch handeln soll. Ein vollständiges Bild wird es nicht liefern können – dies würde Bände füllen. Wir wollen von den wichtigsten Erscheinungen der Epoche erzählen, von Schlüsselfiguren, von Schlüsselereignissen und zentralen Themen. Ob es eher Einzelpersönlichkeiten waren, die den Lauf der Historie bestimmten, oder wirtschaftliche Vorgänge und technologische Veränderungen, also Dinge, die gesamte Volksschichten und Völker bewegten, wollen wir nicht entscheiden. Dies ist eine Frage, die ausführlich die Geschichtsphilosophie beschäftigt hat und die gelegentlich die Ausmaße eines Glaubenskrieges annehmen konnte. Die Antwort wird wohl lauten müssen, dass es dialektische Verschränkungen des einen mit dem anderen gab.

Also wollen wir von Personen berichten, Herrschern vor allem, doch nicht nur von ihnen, es kommen ebenso Geistliche vor, Intellektuelle, Kaufleute, Piraten. Daneben wird es stets um zivilisatorische Eigenheiten und deren Veränderungen gehen, wir sprechen von Religionen, von Lebensformen, von den Künsten, von der Entstehung der Städte. Wir wollen das Mittelalter lebendig werden lassen, jenseits von Klischees und Billigfolklore, und von Landschaften und Städten erzählen, von Krieg und Frieden, von Kunst und Handel, von Leben und Tod.

TEIL 1

WANDERNDE VÖLKER, GEKRÖNTE KAISER
DAS FRÜHE MITTELALTER

DER ZERFALL DES RÖMISCHEN REICHES

Das römische Imperium umfasste in Zeiten seiner größten Macht und Ausdehnung sämtliche Gebiete, die an das Mittelmeer grenzten, man darf von einem Weltreich sprechen. Die Zahl der von Rom beherrschten Völkerschaften war entsprechend groß, und immer wieder gab es Erhebungen, auch kam es häufig zu militärischen Überfällen von außerhalb. Im vierten nachchristlichen Jahrhundert erfolgten derlei Angriffe bevorzugt durch germanische Stämme, die sich auf der Suche nach neuen Siedlungsgebieten befanden, denn ihr überwiegend in südliche Richtungen erfolgender Wanderzug berührte meist römische Territorien.

Das Herkunftsgebiet der Germanenvölker lag an der Ostsee. Der Name der südschwedischen Insel Gotland hält die Erinnerung an zwei dieser Stämme wach: Ost- und Westgoten. Außer Goten waren Wandalen unterwegs, Langobarden, Sachsen, Franken, Burgunder.

Von einer gemeinsamen germanischen Identität kann jedoch kaum die Rede sein. Jener Sammelbegriff kam durch römische Historiker auf, und sieht man von einigen religiösen Parallelen ab, wiesen allenfalls die Sprachen größere Gemeinsamkeiten auf. Alle Germanen benutzten eine verwandte Grammatik und einen ähnlichen Wortschatz, die – vielleicht – auf einen gemeinsamen Urdialekt zurückgingen. Ansonsten waren sich die einzelnen Stämme eher fremd, im Konfliktfall feindlich gesinnt, und nicht einmal innerhalb einer einzelnen Völkerschaft hielt man dauerhaft zusammen, vielmehr konnte sie in Untergruppierungen zerfallen, die sich blutige Gemetzel lieferten.

Die Ursachen für die im vierten Jahrhundert anhebenden Wanderbewegungen (an der durchaus nicht alle Germanen teilnahmen) waren vielfältig. Sie wurden durch eine Veränderung des Klimas ausgelöst, wohl auch durch Bevölkerungswachstum, vor allem aber durch den Einfall der Hunnen.

Dieses Nomadenvolk, ursprünglich in Ost- und Zentralasien zu Hause, stieß vor bis nach Südost-, Süd- und Mitteleuropa und bedrängte gleichermaßen germanisches wie römisches Territorium. Die Reaktionen der Betroffenen waren unterschiedlich. Die Goten unterwarfen sich den Hunnen. Andere Germanen wichen aus und gelangten ihrerseits auf römisches Gebiet. Die Hunnen marschierten zuletzt bis in das östliche Gallien, das heutige Ostfrankreich, wo sie auf eine gemeinsame römisch-germanische Militärmacht trafen, der sie in einer entscheidenden Schlacht unterlagen. Daraufhin zogen sie sich aus Europa weitgehend zurück.

Die Kooperation zwischen Römern und Germanen, die sich im Fall der Hunnenabwehr bewährt hatte, war nicht die Regel. Häufiger gab es Reibungen, Konflikte, Überfälle und Kriege, das römische Imperium verlor darunter seinen Zusammenhalt. In seinem östlichen Teil, der die griechischen Inseln, Kleinasien, Palästina und das östliche Nordafrika umfasste, konnte es sich in etwa behaupten, während der Westen, und dort selbst das einstige Kernland Italien, allmählich zerfiel.

Dies lag auch daran, dass die Regierungszentrale des Reiches sich längst nicht mehr in der Stadt Rom befand, sondern im osteuropäisch-kleinasiatischen Konstantinopel, dessen Name zurückgeht auf seinen Gründer, den römischen Kaiser Konstantin den Großen. In dieser Stadt konzentrierten sich unter seinen Nachfolgern die politische Macht, der wirtschaftliche und kulturelle Reichtum des Imperiums, weswegen man auch von Ostrom sprach.

Genau hier erfuhr einer der bekanntesten und erfolgreichsten Germanenfürsten seine entscheidenden Impulse.

THEODERICH

Der Sohn des Ostgotenkönigs Thiudimir wurde um das Jahr 454 geboren. Ein genaues Datum lässt sich, wie bei anderen Persönlichkeiten der Epoche, nicht mehr ermitteln. Er wuchs in Pannonien auf, dem heutigen Ungarn, das zum unmittelbaren Einflussgebiet des Römischen Reichs gehörte. Der junge Theoderich wurde, so etwas war üblich, als Geisel an den oströmischen Hof gegeben. Was bedeutete: Hätten die Angehörigen des Prinzen gegen die Zentralmacht aufbegehrt, etwa durch einen Aufstand, wäre das Leben des jungen Mannes verwirkt gewesen.

Später, zurückgekehrt nach Pannonien, übernahm er von seinem Vater die ostgotische Königsherrschaft. Anfangs musste er sich gegen einen Konkurrenten behaupten, Theoderich Strabo («der Schielende»), einen Verwandten. Beide gehörten als hohe Offiziere zum oströmischen Heer. Theoderich Strabo kam bei einem Reitunfall ums Leben, und Theoderich stieg im Range auf. Der oströmische Kaiser beauftragte ihn, die von Hunnen und Germanen besetzte Apenninhalbinsel zurückzuerobern.

Der dortige Machthaber war ein halber Germane, was auch sein germanischer Name Odoaker bezeugt. Sein militärischer Widerstand gegen das Heer des Ostgotenkönigs war langanhaltend und zäh. Die Auseinandersetzungen mündeten in ein Kampfgeschehen, das den Namen Rabenschlacht erhielt: Es ging um den Besitz der oberitalienischen Stadt Ravenna, deren altdeutscher Name Raben lautete.

Theoderich kam nicht voran, Odoaker gab nicht auf. Schließlich einigte man sich auf eine aufwendig inszenierte Versöhnung der beiden Fürsten samt einem anschließenden Gelage, in dessen Verlauf Theoderich seinen Widersacher umbrachte. Wo Militärmacht nichts auszurichten vermochte, obsiegten List und Heimtücke. Der Ostgotenkönig hatte den kaiserlichen Auftrag damit erfüllt. Er nutzte die Gelegenheit, um in Norditalien eine Ostgotenherrschaft zu errichten.

Wie es heißt, holte Theoderich insgesamt 20 000 seiner Leute ins Land und siedelte sie an, doch solchen Zahlenangaben in den zeitgenössischen Chroniken ist zu misstrauen: Gewöhnlich neigen sie zu Übertreibung. Wie auch immer: Norditalien wurde zu einem erfolgreichen und einigermaßen stabilen Ostgotenreich.

Der König verfügte über ausreichende Kenntnisse der Region und seiner politischen Eliten, um eine funktionierende Administration aufzubauen. Er schloss entsprechende Vereinbarungen mit Angehörigen der ursprünglichen Herrschaftsschicht, die er damit einband; umgekehrt profitierten er und die Seinen von deren zivilisatorischer Erfahrung. Theoderich beschäftigte zahlreiche Römer in seiner Verwaltung. Er verabschiedete ein eigenes Gesetzeswerk, das Elemente des römischen Rechtes enthielt. Er gab Bauten in Auftrag und ging militärisch gegen die in Süditalien sitzenden Westgoten vor. Den Gelehrten Boëthius berief er zunächst an die Spitze seiner Regierung, später ließ er ihn hinrichten.

Zuletzt erstrebte er ein politisches Bündnis mehrerer germanischer Stämme diesseits und jenseits der Alpen, doch darin blieb er erfolglos. Theoderich, dem die Geschichtsschreibung den Beinamen «der Große» gab, war schlau, weitschauend, durchsetzungsstark und grausam. Darin glich er anderen Herrschern des Mittelalters.

Er starb 526. Unter den Königen, die auf ihn folgten, begann die Ostgotenherrschaft zu zerfallen. Die von Theoderich so erfolgreich begründete und von seinen Nachfolgern zunächst auch behauptete Autonomie wurde am Ende durch ein oströmisches Heer völlig beseitigt.

Theoderichs Grabmal, ein höchst imponierendes Bauwerk in Gestalt eines Turms, steht in Ravenna. Sein Inneres ist leer.

Ostgotenkönig Theoderich. Figur aus dem Grabmal für Kaiser Maximilian in Innsbruck. Arbeit von Peter Vischer d. Ä. 1512/13.

NEUE VÖLKER

Das Europa des sechsten nachchristlichen Jahrhunderts wurde von zahlreichen, höchst unterschiedlichen Völkerschaften bewohnt. Von Germanen war schon die Rede und von dem Umstand, dass die einzelnen Stämme sich vornehmlich in ihren Sprachen ähnelten. Dabei verstärkten sich die Unterschiede zwischen den einzelnen Idiomen immer mehr. Die in Skandinavien siedelnden Germanen sprachen völlig anders als die Sachsen, Alemannen und Sueben zwischen Elbe und Rhein.

Auch die übrigen auf dem europäischen Kontinent wohnhaften Völker lassen sich am ehesten anhand ihrer idiomatischen Verwandtschaften bestimmen. Neben den Germanen stellten die Slawen und die Romanen die größten Sprachgemeinschaften.

Die Romanen bewohnten Länder, deren Dialekte auf das im römischen Imperium gebräuchliche Latein zurückgingen. Es handelte sich dabei allerdings nicht um das klassische Latein von Autoren wie Cicero, Caesar und Tacitus, sondern ein abgeschliffenes, von kleinen Leuten, Soldaten und Bewohnern der römischen Kolonien verwendetes Idiom, das anschließend in den verschiedenen Regionen seine jeweils eigene Entwicklung nahm.

So entstanden das Spanische, das Italienische, das Französische, das Portugiesische, das Katalanische und das Rumänische, eigene Sprachen, deren Verwandtschaft gleichwohl erkennbar blieb, von den Sprechern auch wahrgenommen wurde und so etwas wie ein diffuses Zusammengehörigkeitsgefühl stiftete. Bis heute sind die Unterschiede zwischen den romanischen Sprachen sehr viel geringer als die zwischen den germanischen.

Für das Slawische gilt Vergleichbares. Dessen Sprecher hatten ihr Herkunftsland in Osteuropa, in den Gegenden der heutigen Ukraine und Weißrusslands, wo viele der Stämme auch verblieben, während andere aufbrachen nach Westen und Südwesten, um etwa in Mitteleuropa die von germanischen Wandervölkern verlassenen Territorien östlich der Elbe einzunehmen. Andere stießen vor bis auf oströmisches Gebiet und nahmen Teile der Balkanhalbinsel dauerhaft in Besitz.

Mit Romanen, Germanen und Slawen sind die bedeutendsten Völkerfamilien Europas benannt. Daneben gab es kleinere, die überdauerten und bis in die Gegenwart existieren, wie Basken, Albaner und Finnen. Die Kelten, die früher fast das gesamte Westeuropa besiedelt hatten, waren bereits durch die Römer kolonisiert oder verdrängt worden. Lediglich in Irland sowie im Norden und Westen der britischen Insel (deren Süden die aus Jütland stammenden germanischen Angeln und Sachsen eroberten) konnten sie sich halten.

Immer wieder kam es zum massiven Ansturm aus Asien stammender Nomadenstämme, ein Beispiel gaben die Hunnen. Oft stießen sie bis in die Mitte Europas vor, stets wurden sie durch militärische Anstrengungen der bedrängten Völker zurückgeschlagen.

Gleiches gilt für die Awaren. Das aus dem Kaukasus stammende Volk, Erfinder eines Hilfsmittels beim Reiten, nämlich des Steigbügels, eroberte große Teile slawischen und oströmischen Territoriums. Das awarische Reich hielt sich relativ lange, es sollte erst gegen Ende des achten Jahrhunderts vergehen.

Insgesamt zeigte sich der europäische Kontinent zu Beginn des Mittelalters als ein buntes Nebeneinander von äußerst unterschiedlichen Sprachen, Kulturen, Gewohnheiten und Tendenzen. Ein europäisches Gemeinschaftsgefühl, wie wir es heute kennen, existierte damals nicht.

DIE STAATSKIRCHE

Immer wieder gab es Bestrebungen, diese Kleinteiligkeit zu überwinden, was manchmal von Erfolg gekrönt wurde, der freilich
nicht von langer Dauer war. Die europäische Geschichte, nicht
nur die des Mittelalters, vollzog sich in einer fortwährenden
Spannung zwischen Zusammenschluss und Trennung.

Die Idee der Renovatio zielte auf eine wie auch immer geartete Wiederherstellung des Römischen Reiches, was als Vorhaben mehrere Abschnitte des frühen Mittelalters bestimmen
sollte. Die aus der Zeit der römischen Kolonialherren herrüh-
rende Zivilisation gestaltete sich anders, perfekter, raffinierter als
jene von Gebieten, die eine römische Garnison, ein römisches
Kastell, eine römische Stadtanlage niemals erlebt hatten.

Noch wichtiger wurde die Kirche.

Auf Betreiben seiner Mutter Helene hatte der römische Kaiser Konstantin sich im Jahre 313 taufen lassen. Das Christentum
wurde daraufhin Staatsreligion für das gesamte Römische Reich.
Ursprünglich in dem von Römern beherrschten Judäa lediglich
lich eine von mehreren Sekten, deren Mitglieder in Armut und
Frömmigkeit das nahe Weltende erwarteten, entwickelte sich deren Lehre nun im gesamten übrigen Imperium zum Glaubensbekenntnis vornehmlich der sozialen Unterschichten.

Eingesetzt hatte dies mit den Missionsreisen des Apostels
Paulus. Der noch von Jesus Christus bestellte Apostel Petrus
versah, so jedenfalls will es die Legende, sein Priesteramt in der
Stadt Rom, wo seine Kirche lange Zeit verboten war und verfolgt
wurde. Der getaufte Konstantin residierte in Kleinasien. Dem
geographischen Ursprung des christlichen Glaubens lag Kleinasien näher als Rom.

Religionen neigen dazu, sich aufzufächern. Auch das Christentum zerfiel schon bald in mehrere unterschiedliche Strömungen. Jene aus der Nachbarschaft der judäischen Ursprünge

entsprach den Gewohnheiten der urchristlichen Glaubens-
gemeinschaft am ehesten. Man nannte und nennt sie Orthodoxie; der griechische Name steht für Rechtgläubigkeit. Grie-
chisch war auch die Sprache, in der diese Kirche ordinierte, da
es die Sprache Ostroms war, das auf griechischem Territorium
lag. Ganz anders das eigentliche Rom. Die Nachfolger des (der
Überlieferung zufolge) ermordeten Apostels Petrus sprachen
und predigten selbstverständlich in der dortigen Verkehrssprache Latein.

Zu den idiomatischen Unterschieden kamen rituelle. Christliche Gottesdienste bei den Orthodoxen hatten und haben andere Abläufe als die des römischen Katholizismus. Sie verwenden andere Kirchenarchitekturen, andere Hierarchien, andere
Altäre, andere Gebete, eine andere Bildkunst und verehren andere Heilige. Immer wieder kam es zu dem Versuch, die sich
entfremdenden Strömungen wieder zusammenzuführen, doch
die Trift setzte sich fort und sollte schließlich zu vollständiger
Trennung führen.

Beide Kirchen waren um neue Anhänger bemüht. Dem pauli-
nischen Beispiel folgend geschah dies über Missionare. Die Orthodoxie bekehrte auf dem Balkan und bei der Mehrheit der
slawischen Völker, die Katholiken missionierten in West- und
Nordeuropa.

Einer weiteren Variante des christlichen Glaubens hingen, sofern überhaupt christianisiert, manche germanische Völkerschaften an.

Die Strömung trägt den Namen Arianismus, benannt nach
dem Geistlichen Arius aus Alexandria. Er bestritt die von der
Orthodoxie ebenso wie vom Katholizismus vertretene Überzeugung, Jesus Christus sei wesensgleich mit Gott, und sah in dem
Messias nur einen begnadeten Menschen. Theoderich und seine
Ostgoten waren Arianer. Ihr abweichendes Glaubensbekenntnis
war nicht die Ursache ihres Untergangs. Es ergab sich nur, dass

mit dem Untergang von Goten und Wandalen auch der Arianismus völlig verschwand.

KARL DER GROSSE

Am 2. April des Jahres 747 wurde dem Frankenfürsten Pippin ein Sohn geboren, der den in der Familie häufigen Namen Karl erhielt.

Er sollte zu einer der wesentlichen Persönlichkeiten des europäischen Mittelalters werden: energisch, erfolgreich, vorbildhaft, gerühmt von den Zeitgenossen und der Nachwelt, umrankt von Mythen, bereits zu Lebzeiten ausgestattet mit dem Beinamen «der Große» und später sogar heilig gesprochen. Bis heute blieb er eine wichtige Figur des kollektiven Geschichtsbewusstseins in Gegenden, die er einst regierte.

Er war hoch gewachsen, maß fast zwei Meter, breitschultrig, hatte dichtes Haupthaar und einen Stiernacken. Er trug einen Schnauzbart, dessen Spitzen neben den Mundwinkeln herabhingen. Insgesamt heiratete er viermal und hielt sich nebenher zahlreiche Konkubinen, von denen vier namentlich bekannt sind. Er war Vater von wenigstens sechzehn Kindern, legitimen wie illegitimen, liebte die Jagd und ging ihr noch im hohen Alter gern nach.

Karl war gebildet, beherrschte das Lesen und das Schreiben, verstand Latein, kannte sich aus in der Philosophie und in theologischen Fragen, förderte die schönen Künste, die Dichtung, die Architektur. Unter seiner Regentschaft schuf er eine effiziente Verwaltung und führte eine neue Einheitswährung ein, ordnete das Kirchenwesen und berief einen Kreis von Gelehrten, die aus unterschiedlichen Ländern kamen; mit ihnen pflegte er Konversation und ließ sich von ihnen in Sachfragen beraten.

Und er erwies sich als guter Diplomat. Drei Gesandte schickte er auf den weiten Weg in den Nahen Osten, ins Zweistromland, zu Sultan Harun al-Raschid von Bagdad. Der ließ Karl als ein allseits bestauntes Geschenk einen weißen indischen Elefanten zukommen, mit Namen Abul Abbas; dabei dürfte es sich um das erste asiatische Rüsseltier gehandelt haben, das bis ins nördliche Rheinland gelangte.

Karl war erfolgreich als Feldherr. Er führte Krieg gegen die Dänen im Norden, gegen die Slawen im Osten, gegen die Langobarden in Süden, gegen die Mauren im Westen. Das Reichsgebiet, das er von seinem Vater übernommen hatte, erweiterte er beträchtlich; nie wieder würde auf dem europäischen Festland ein Reich von derartiger Ausdehnung existieren.

Die westgermanische Völkerschaft der Franken, der er entstammte, hatte ihr ursprüngliches Siedlungsgebiet in Gegenden des Mittelrheins und der Rheinmündung. Anfangs waren die Franken noch in unterschiedliche Stämme zerfallen, durch Kleinkönige regiert, von denen einer, Chlodwig, sie auf gewaltsame Weise zusammenführte.

Es war die Zeit der Völkerwanderung. Die Franken nahmen daran teil, doch im Unterschied zu Goten und Wandalen gaben sie ihre Herkunftsregion nicht gänzlich auf, und als sie zum Christentum konvertierten, folgten sie nicht der arianischen Lehre, sondern bekannten sich zum römischen Katholizismus.

Chlodwig, aus dem Geschlecht der Merowinger, beherrschte bereits große Teile des einstigen Gallien. Seine letzte Ruhestätte fand er in der Abteikirche von Saint-Denis nahe Paris. Unter seinen Nachfolgern gab es Teilungen und Wiedervereinigungen, militärische Übergriffe von außen wurden abgewehrt. Ein besonders erfolgreicher fränkischer Militärführer hieß Karl Martell, Vater von Pippin und der Großvater Karls.

Karl Martells Familie hatte über Generationen hinweg den

Merowingern als Hausmeier gedient. Dies war ein höchstes Regierungsamt, in etwa zu übersetzen mit Gouverneur oder Palastpräfekt. Auch Pippin war anfangs Hausmeier. Im Jahre 751 sorgte er dafür, dass der amtierende Merowinger mit Namen Childerich, ein ziemlich schwacher und unfähiger Mensch, abgesetzt, geschoren und in ein Kloster geschickt wurde. Die Nachfolge auf dem Thron trat Pippin an. Er sollte insgesamt 18 Jahre regieren.

Karl, sein Sohn, musste das Erbe zunächst mit seinem jüngeren Bruder Karlmann teilen, der aber schon bald starb. Karl, nunmehr alleiniger König, sicherte und erweiterte das Reich in verschiedenen militärischen Aktionen, von denen die längste der Krieg gegen die Sachsen war.

Diese westgermanische Völkerschaft siedelte in den Gebieten zwischen Weser und Elbe. Ihr Name bezog sich auf ihre Vorzugswaffe Sax, ein Kurzschwert. Einige der Stämme waren einst gemeinsam mit Angeln und Jüten aufgebrochen zu den Britischen Inseln, der größere Teil war auf dem Festland geblieben und hatte sich dort ausgebreitet. Die Grenzen im Westen stießen an die des Frankenreichs.

Karls Absicht war es, diesen letzten noch heidnischen Germanenstamm zu christianisieren. Das wichtigste sächsische Heiligtum war die Irminsul, eine steil aufragende hölzerne Säule, die den Weltenbau symbolisierte. Karl ließ sie fällen. Die Sachsen wehrten sich und fielen in fränkisches Gebiet ein, Karl warf sie zurück. Die Auseinandersetzung zwischen den beiden Völkern sollte sich über mehr als drei Jahrzehnte hinziehen, auf dem Höhepunkt kam es zur Vernichtung eines kompletten fränkischen Heeres, worauf Karl in Verden an der Aller 4500 sächsische Geiseln abschlachten ließ. Der erfolgreichste sächsische Anführer war ein westfälischer Adliger namens Widukind. Auch er wurde am Ende von Karl besiegt und ließ sich taufen. Der Sachsenkrieg war zu Ende.

Kaiser Karl der Große.
Bronzene Reiterstatuette, vergoldet. Um 870.

Im Jahr 800 ließ sich Karl in Rom vom Papst zum Kaiser krönen. Dieser Titel hatte bis dahin allein dem oströmischen Herrscher zugestanden, der auch umgehend Protest erhob; in umständlichen Verhandlungen wurde ein diplomatischer Ausgleich erzielt. Karls Herrschaftsgebiet reichte zuletzt von Friesland bis Mittelitalien, von der Elbe bis in den Norden der Iberischen Halbinsel und umschloss damit große Teile des vormaligen römischen Imperiums.

War Karl, nunmehr Titelerbe der Caesaren, auch deren Fortsetzer in sonstiger Hinsicht? Die Geschichtsschreibung spricht, dies betreffend, von einer karolingischen Renaissance. Freilich, die Wirren der Völkerwanderung hatten zuvor die antike Hochkultur weitgehend zerschlagen, sodass nur noch Reste von ihr existierten. Exponate des Römisch-Germanischen Museums in Köln zeigen, wie vergleichsweise rückständig die fränkischen Zeugnisse sich neben den römischen ausnehmen. Es sollte noch Jahrhunderte dauern, ehe die Lebensumstände in Westeuropa das antike Niveau wieder einholten, aber immerhin versuchte Karl eine Annäherung.

Sein bevorzugter Aufenthaltsort war das römische Aquisgranum, das heutige Aachen. Er ließ dort einen eindrucksvollen Dom errichten, in dem er nach seinem Ableben auch beigesetzt wurde. Sein Thron steht ebenfalls in Aachen. Es sollte zu einem festen Ritual späterer Könige werden, auf diesem Thron Platz zu nehmen.

ISLAM

Eine um Karl den Großen kreisende mittelalterliche Dichtung erzählt von dessen Neffen Roland, der ohne Einwilligung seines Onkels auf der spanischen Halbinsel Krieg gegen die Heiden führt und dabei umkommt.

Die äußerst märchenhaft ausgeschmückte Geschichte hat einen realen Kern. Karl war tatsächlich militärisch in Iberien engagiert, wo er im Konflikt zwischen zwei der dort herrschenden maurischen Fürstentümer vermitteln sollte.

Das Wort Maure oder Mohr leitet sich ab vom griechischen *maurós*, was «dunkel» bedeutet. Bezeichnet wurden damit die Bewohner Nordafrikas, deren korrekter Name Berber lautet: Es handelt sich um Nomadenstämme in Gebieten nördlich der Sahara, die während des 7. Jahrhunderts zum Islam bekehrt wurden.

Diese jüngste der drei monotheistischen Religionen geht zurück auf einen arabischen Kaufmann namens Mohammed. Biographischen Aufzeichnungen zufolge erfuhr er seine entscheidende Inspiration in einer einsamen Höhle. Als Karawanenführer war er in Berührung mit jüdischen wie mit christlichen Milieus gekommen, deren Glaubensbekenntnisse offensichtlich Spuren in seiner Lehre hinterlassen haben und in das heilige Buch der Moslems, den Koran, eingingen. Dessen Wortlaut wurde Mohammed laut Überlieferung von Erzengeln zugetragen.

Die Ausbreitung der neuen Religion erfolgte zunächst durch Mohammed selbst, der in einem zum Stammeskrieg sich ausweitenden Konflikt als erfolgreicher Heerführer auftrat. Die für seine Herkunftsstadt Mekka wichtigen Handelszüge wurden fortwährend von räuberischen Überfällen bedroht, die Mohammed schließlich abzuwehren wusste. Der militärische Ruhm verhalf seiner Lehre zum Erfolg. Am Ende seines Lebens war er der unumstrittene Führer fast der gesamten arabischen Halbinsel, deren Bewohner sich ausnahmslos seiner Glaubenslehre zuwandten.

Das zentrale Heiligtum des Islam befindet sich in Mekka. Die Kaaba, ein würfelförmiges Steingebäude, besteht aus einem einzigen Raum und ist nach muslimischer Überzeugung das Haus Gottes, gestiftet von einem der frühen Propheten, Ibrahim, der identisch ist mit dem biblischen Stammvater Abraham. Für einen gläubigen Muslim ist es selbstverständlich, einmal im Leben zur Kaaba zu pilgern.

Es ist dies zugleich eine von fünf Grundpflichten der Religion. Die vier anderen sind: das Glaubensbekenntnis zu Allah als alleinigem Gott und zu Mohammed als Gottes Gesandten, das fünfmal am Tag zu verrichtende Pflichtgebet, das Einhalten des Fastenmonats und das Entrichten der Almosensteuer.

Der Islam ist eine vergleichsweise abstrakte Religion. Bildliche Darstellungen sind weitgehend verpönt, was zu Herausbildung einer reichhaltigen Ornamentik führte. Zentrales Religionsgebäude ist die Moschee, wo sich, vornehmlich am Freitag, die Gläubigen zur gemeinsamen Andacht und zum Anhören der Predigt einfinden, die ein Vorbeter hält.

Die Mischung aus Einfachheit und Mystik, aus Abstraktion und Durchgeistigung haben den Islam mit bedeutenden Energien ausgestattet, die seinen Erfolg begünstigten. Von Arabien breitete er sich nach Osten aus, nach Süden, nach Westen und hatte Ende des siebten Jahrhunderts Nordafrika erreicht.

Ein damaliger Berberführer hieß Tariq ibn Ziyad. Er war Gouverneur für das Gebiet von Tanger und überquerte 710 die Straße von Gibraltar mitsamt einem Heer von siebentausend Kriegern. Er begann, die Iberische Halbinsel zu besetzen, besiegte die dort ansässigen Westgoten und eroberte die Städte Córdoba, Málaga und Sevilla.

Es war dies die erste von mehreren maurischen Invasionen, die schließlich über die Pyrenäen und bis nach Südwestfrankreich führten. Erst der merowingische Hausmeier Karl Martell, der Großvater Karls des Großen, konnte die Mauren dort aufhalten und zurückwerfen.

Zentrum der maurischen Herrschaft blieb das südspanische Andalusien, Al-Andalus. Hier entwickelte sich eine Hochkultur mit außerordentlichen Leistungen in der Literatur und der Wis-

Die Alhambra über Granada, Südspanien. Maurische
Palastarchitektur. 14. Jh.

senschaft, im Kunsthandwerk, im Gartenbau, in der Architektur. Der damaligen Zivilisation im christlichen Europa war sie deutlich überlegen.

FRÄNKISCHE ZUSTÄNDE

Erbe Karls des Großen wurde sein dritter Sohn Ludwig. Karl hatte ihn schon zu seinen Lebzeiten als Mitkaiser krönen lassen.

Ludwig entschloss sich später, das gesamte Herrschaftsgebiet unter seinen drei Söhnen aufzuteilen, verbunden mit der Auflage, die Einheit des Reiches zu wahren. Doch es kam anders. Die Söhne Ludwigs zerstritten sich, das Reich zerfiel. In einem zu Verdun beschworenen Vertrag beschlossen sie die endgültige Teilung. Ein Chronist notierte: «Als sie so Frieden gemacht und durch Eidschwur bekräftigt hatten, zogen sie heim, um jeder seinen Teil zu sichern und zu ordnen.»

Die drei Teile waren Westfranken, Ostfranken und das Mittelreich, mit dem sich der Anspruch auf die Kaiserwürde verband. Es fiel an Ludwigs Sohn Lothar. Dessen Herrschaftsgebiet hieß später auch Lothringen und würde noch später in etwa identisch sein mit dem Königreich Burgund.

Mit dem Vertrag von Verdun begann eine Staatenbildung, die ungeachtet aller sich später ergebenden Verwerfungen und Veränderungen eine Sache auf Dauer war. Aus Westfranken sollte Franzien, also Frankreich entstehen, Ostfranken war der Vorläufer des nachmaligen Deutschland.

Die innere Ordnung, die in jenen drei Territorien herrschte, und nicht nur dort, ging auf fränkische Überlieferung zurück. Es handelte sich um ein System der Abhängigkeiten, der wechselseitigen Verpflichtungen und der strikten Rangabfolge, das in den verschiedenen Regionen ebenso wie in aufeinander folgenden Epochen Variationen erfahren konnte. Die Grundstrukturen blieben jedoch gleich.

Das System trägt den Namen Feudalismus. Die Bezeichnung kommt von dem lateinischen *feodum*, was Leihgabe bedeutet. Konditioniert war diese Ordnung zunächst ökonomisch: Es herrschte weitgehender Naturalaustausch, wichtigste Quelle der Wertschöpfung war die Landwirtschaft.

Das Ackerland blieb in der Verfügungsgewalt eines Grundherrn. Die darauf arbeitenden Bauern hatten ihm Abgaben zu liefern, seine Gegenleistung bestand in militärischem Schutz. Der befestigte Wohnsitz des Grundherrn, die Burg, konnte in Krisenzeiten für Mensch und Vieh als Rückzugsort dienen.

Der Grundherr war adlig. Auch bei den Edelleuten herrschten strikte Hierarchien: Hoher und niederer Adel ebenso wie Bauernstand waren vorgegeben durch die Geburt und galten weithin als unveränderlich.

Alles war vorgezeichnet. Jeder hatte seinen Platz im Leben, seinen *status* oder Stand, äußerlich angezeigt durch Kleidung, Wohnung, Ernährung. Das System, in das er sich einpasste, hieß *ordo*, Ordnung. Geistliche Autoren des Mittelalters haben sie zu beschreiben und zu begründen versucht. Sie beriefen sich auf den Apostel Paulus, dessen Briefe das Prinzip der irdischen Unterwürfigkeit vorgaben.

In einem mittelalterlichen Text heißt es:

«Gott selber hat gewollt, dass unter den Menschen die einen Herren, die anderen aber Knechte seien, auf dass die Herren gehalten wären, Gott zu ehren und zu lieben, und die Knechte, ihren Herrn zu lieben und zu ehren nach dem Worte des Apostels.» Und in einer Dichtung steht ergänzend: «Niemals hat der Erfolg gehabt, der gegen die Standesordnung rebelliert.»

Dies war die Norm. Sie begründete die Existenz der einzelnen Stände und garantierte ebenso ihre Unverrückbarkeit. Nur gelegentlich ergaben sich Möglichkeiten zu einem sozialen Aufstieg, also zum Wechsel in einen anderen Stand, der dann seinerseits vererbt wurde. Im Falle von Vermischung, bei Eheschließung zwischen Angehörigen unterschiedlicher Stände, war der niederere Stand maßgebend für den gesellschaftlichen Status der Eheleute.

Verbreitet war die Vorstellung von den drei Ständen *oratores*, *bellatores*, *laboratores*, das sind: Lehrstand, Wehrstand, Nährstand. Bald sollte sich zeigen, dass man mit dieser Grobeinteilung nicht auskam. Allein der Wehrstand umfasste vom König bis zum kleinen Schwertträger viele unterschiedliche Ränge. Insofern liegt man mit einem alten deutschen Abzählvers für Kinder gar nicht einmal ganz falsch: Kaiser, König, Edelmann, Bürger, Bauer, Bettelmann. Die Bauern bildeten die unterste, die am wenigsten angesehene Schicht; lediglich das Bettelvolk, die Ausgestoßenen, Herumtreiber und Gesetzlosen, wurde gesellschaftlich noch weniger geschätzt.

Das Ackerland, auf dem die Bauern wirtschafteten, gehörte dem Grundherrn. Doch war er in strengem Sinne tatsächlich der Eigentümer? Ursprünglich hatte er seinen Besitz als Leihgabe, als Lehen aus der Hand seines Lehnsherrn erhalten. Der stand in der Gesellschaftshierarchie über ihm und hatte den von ihm verliehenen Besitz seinerseits als Leihgabe empfangen; oberster Lehnsherr war immer der König.

Diese Besitzordnung ging aus einem im karolingischen Franken entwickelten Prinzip hervor, wo der Vasall einem Leihgeber zu Diensten war, wie umgekehrt der Leihgeber sich seinem Vasallen gegenüber verpflichtete. Das Verhältnis wurde durch einen Treueid besiegelt.

Das Lehen war anfangs nur Leihgabe auf Lebenszeit. Bald schon konnte es vererbt werden, und allmählich erhielt es so den Rang von förmlichem Eigentum. Je nach Umständen konnten Lehnsverhältnisse gelegentlich aufgekündigt und danach neu vergeben werden, woraus nicht selten Konflikte entsprangen. Die konnten ebenso aus Grenzverläufen herrühren oder aus Erbansprüchen. Das gesamte Mittelalter war beherrscht von Streitigkeiten um Grundbesitz, und die angeblich heilige, da von Gott gegebene Ordnung wurde fortwährend erschüttert, in Frage gestellt und gegebenenfalls neu bestimmt.

Das Abhängigkeitssystem der Grundherrschaft hatte unterschiedliche Gestalt. Es gab den Fronhof, den der Grundherr selbst leitete und dem die zugehörigen Bauernwirtschaften zugeordnet waren. Es gab, bei den größeren Territorien, durch eingesetzte Verwalter beaufsichtigte Untereinheiten, sie hießen Meiereien oder Vogteien. Kleinere Fronhöfe und Dörfer konnten einen Verbund eingehen.

UNFREIE, MINDERFREIE, SKLAVEN

Bei den Bauern bestanden, was die Größe des Nutzeigentums nicht unmittelbar betreffen oder beeinflussen musste, verschiedene Arten der Abhängigkeit. Es gab die persönliche Unfreiheit, auch Leibeigenschaft, in Frankreich hießen Angehörige dieses Standes *servis* oder *serfs*, in England *villeins*. Neben dem Grundzins, also der Abgabe für das bewirtschaftete Land, war an den Grundherrn noch der Leibzins oder Kopfzins zu entrichten, im Französischen *chevage*. Die materielle Belastung war also eine doppelte.

Daneben kannte man die Minderfreiheit. Die Person selbst war frei, musste allerdings für das bewirtschaftete Land an den Grundherrn Zins entrichten und war damit sachrechtlich an diesen gebunden. Der entsprechende Personenkreis konnte Liten, Minderfreie, Pfleghafte oder Grundhörige heißen, französisch *fermiers*, englisch *copyholders*. Hinzu kamen ursprünglich unabhängige Bauern, die sich freiwillig unter die Schutzherrschaft eines Grundherrn begaben, womit sie allmählich in eine ähnliche Situation gerieten wie ein von Herkunft Halbfreier. In Frankreich verschärfte sich später in einigen Regionen die Situation derart, dass eine strenge Schollenbindung galt und zwischen Minderfreiheit und Hörigkeit kaum mehr ein Unterschied bestand.

Umgekehrt konnten Abhängige eine Art Unabhängigkeit gewinnen, etwa in vom Grundherrn sehr entfernten Regionen. Im südlichen Frankreich lockerten sich die Frondienstverpflichtungen generell. Es kam vermehrt zur Freilassung von Unfreien, was als sozialer Impuls wirkte und zu zivilisatorischen Fortschritten führte, aus denen sich die kulturelle Überlegenheit Frankreichs zur Zeit des Hochmittelalters unter anderem erklärt.

Bei den freien Bauern konnte es sich um sogenannte Altfreie handeln, deren Status über Generationen vererbt wurde, oder eben um Freigelassene, englisch *freeholders* oder *yeomen*. Die Aussicht auf rechtliche Freiheit diente als gern angebotenes und gern akzeptiertes Argument bei Neuansiedlungen.

Rechtliche Unfreiheit als Kennzeichen einer sozialen Unterschicht war kein besonderes Kennzeichen des Mittelalters. Sie war ein Erbe der römisch-griechischen Antike ebenso wie der alten nahöstlichen Zivilisationen. Die verbreitete Bezeichnung dafür lautet Sklaverei, und es ist die Etymologie, die uns hier einen Hinweis gibt: Die Wörter Sklave und Slawe haben die gleiche Wurzel. Angehörige jener Völkerschaften, die von Osten her in den europäischen Westen drängten und mit den dort beheimateten germanischen Stämmen in kriegerische Auseinandersetzungen gerieten, wurden im Fall der Niederlage als Sklaven genommen, und zwar in einem Ausmaß, dass die Funktionsbezeichnung zum Namen ihre Ethnie gedieh.

Damit deutet sich das übliche Reservoir von Unfreien an: Sie waren menschliche Kriegsbeute. Ein Sklave bedeutet, rechtlich gesehen, ein dingliches Besitztum, das sich beleihen, verpfänden und verkaufen lässt. Er ist ein menschliches Stück Vieh, und wie tierisches Vieh kann er auf entsprechenden Märkten angeboten und erworben werden. Das Mittelalter kannte etliche überregionale Sklavenmärkte. Einer befand sich im lothringischen Verdun, ein anderer in Prag.

CHRISTLICHE MISSION

Es gab zwei Eigentumsformen der Grundherrschaft im mittelalterlichen Europa: die weltliche und die geistliche. Neben ihren theologischen Zielen verfolgte die Kirche stets auch ökonomische Interessen, was die materielle Basis ihres gesellschaftlichen Einflusses schuf. Damit wurde sie zur anderen großen Institution im Gesellschaftsgefüge, gleichrangig mit der Adelsherrschaft, aus der sie oft genug auch ihr Führungspersonal bezog.

Die Ausbreitung des Christentums besorgten Missionare. Häufig mussten sie ihre Bemühungen mit dem Leben bezahlen und stiegen dann nach ihrem Tod in den Rang von Heiligen auf. Ein Beispiel dafür ist das Schicksal, das Wirken und das Ende des Germanenapostels Bonifatius.

Der Apostel stammte aus England. Eigentlich hieß er Wynfreth oder Winfried, seinen kirchlichen Namen würde er erst später annehmen. Als junger Mensch trat er in ein Kloster ein, wo er zunächst Grammatik und Dichtung lehrte. Im Alter von dreißig Jahren empfing er die Priesterweihe. Zehn Jahre später trat er seine erste Missionsreise auf das Festland an, zu den Friesen. Er hatte dort keinen rechten Erfolg, kehrte vorübergehend in sein Kloster zurück und unternahm schließlich eine Pilgerfahrt nach Rom. Hier entschied er sich endgültig für die Tätigkeit als Missionar.

Bonifatius ging zu den Franken. In seinem Gefolge befanden sich Soldaten, aber auch Handwerker, die den Bau von Kapellen und Klöstern erledigten. Spektakulär wurde sein Auftritt in der Gegend des heutigen Fritzlar; es ging darum, ein heidnisches Heiligtum zu schleifen, einen dem germanischen Gott Donar geweihten Eichenbaum. Bonifatius griff persönlich zur Axt. Er fällte die Eiche. Eine große Menschenmenge sah ihm dabei zu. Sie erwartete einen Racheakt des erzürnten Gottes, der jedoch ausblieb. Die Zuschauer waren tief bewegt. Unter dem Eindruck dieser ganz offensichtlichen Überlegenheit des Christengottes nahmen sie die Taufe an.

Übrigens war das persönliche Risiko für Bonifatius bei diesem Unternehmen eher gering. In unmittelbarer Nähe befand sich ein fränkisches Militärlager, dessen Besatzung ihm notfalls bewaffnete Hilfe geleistet hätte.

In der Folgezeit gründete er etliche Bistümer, darunter die von Regensburg, Passau, Salzburg, Würzburg und Erfurt. Er war schon ein Greis von achtzig Jahren, als er nochmals aufbrach nach Friesland, zu seinem allerersten Missionsziel. Wollte er eine einstmals begonnene Aufgabe erfüllen? Spürte er heimliche Sehnsucht nach einem Martyrium und gab ihr nach? Wir wissen es nicht, lediglich Vermutungen existieren.

Er wurde begleitet von etwa fünfzig Männern. Das waren, wie die Erfahrung lehrte, entschieden zu wenige, um den Missionar erfolgreich zu verteidigen. Eine friesische Übermacht überfiel die Gruppe, der Apostel und seine Helfer wurden allesamt erschlagen.

Bonifatius war nicht der einzige angelsächsische Geistliche, der in Mitteleuropa missionierte. Die gesamte Christianisierung Germaniens im frühen Mittelalter geschah zu großen Teilen durch englische, schottische und irische Mönche. Anders verhielt es sich mit den Slawen.

Der Balkan, wie später auch Russland, wurde ab dem neunten Jahrhundert durch die griechische Orthodoxie bekehrt. Besonderen Eifer bewies dabei das Brüderpaar Kyrillos und Methodius aus Thessaloniki, ebenso fromme wie hochgelehrte Männer, die für die slawischen Sprachen ein eigenes Alphabet erfanden, das bis heute gilt.

Ein anderer Apostel in Osteuropa war der Tscheche Vojtech, den die Polen Wojciech nennen. Er war römischer Katholik und stammte aus einer ostböhmischen Fürstenfamilie. Seine geistliche Laufbahn begann er in einem Kloster nahe Magdeburg. Er nahm den geistlichen Namen Adalbert an, kehrte in seine Heimat zurück und wurde zunächst Bischof von Prag. Es kam zu Differenzen mit dem böhmischen Adel, woraufhin Adalbert eine ausgedehnte Italienreise unternahm. Doch nach seiner Rückkehr nach Prag verstärkten sich die Konflikte.

So wurde er Missionar. Er reiste durch Ungarn und danach ins Baltikum. Er taufte und predigte erfolgreich, zunächst in der Gegend um Danzig; von nur zwei Männern begleitet, überquerte er per Schiff das Frische Haff und ließ sich an der pruzzischen Küste absetzen. Er verstand die dortige Sprache nicht, wie die Pruzzen die seine nicht verstanden. Möglicherweise verdächtigten sie ihn feindlicher Absichten. Es kam zu einer Auseinandersetzung, in deren Verlauf Adalbert sein Leben verlor.

Er wurde 41 Jahre alt. Die Polen verehren ihn bis heute als einen ihrer Nationalheiligen.

BAUERNLEBEN

Von Polen bis Frankreich, von Skandinavien und England bis Italien wohnten neun Zehntel der Bevölkerung, ob frei oder unfrei, auf dem Lande. Diese Menschen gingen bäuerlicher Tätigkeit nach, die die wichtigste Quelle aller Wertschöpfung und Grundlage aller Ökonomie blieb.

Wie aber lebte man und wovon? Wie sah der Tagesablauf auf dem Lande aus? Wie war die Unterkunft beschaffen?

Die Haustür bestand aus aneinandergehefteten rohen Brettern. Die Angeln, in denen sich die Tür bewegte, waren lederne Riemen. Der Innenraum war niedrig und dunkel, der Boden gestampfter Lehm, an Möbeln gab es eine rohe Holzkiste als Truhe, einen Tisch und um ihn herum geordnet mehrere Schemel. Pritschen dienten zum Schlafen, nackte Holzbretter auch hier, mit einem Strohsack darüber und einem Schaffell darauf als Zudecke. Dies war die Ruhestatt für die Erwachsenen. Die Kinder schliefen in aufgeschüttetem Stroh auf dem Fußboden.

Den Mittelpunkt des Raumes bildete die Feuerstelle, eine aus Lehm geformte und nach oben geöffnete Herdstatt. Der Rauch entwich durch eine Luke im Dach, das sogenannte Eulenloch. Das Feuer wurde zum Heizen und zum Kochen genutzt. Die Mahlzeiten, gewöhnlich zwei am Tag, eine morgens und eine am Abend, wurden von der Bäuerin in einem Tontopf gegart und anschließend in Holznäpfen serviert. Der Herd befand sich in der Mitte des Hauses, wobei die eine Hälfte des Inneren durch die Wohnstatt eingenommen wurde, während die andere als Stallung diente und als Scheune.

Das Haus hatte ein mit Stroh gedecktes Satteldach. Seine Wände waren gefügt aus senkrecht in den Boden gerammten Holzpfählen, deren Zwischenräume mit einem Geflecht aus Zweigen gefüllt und anschließend mit Lehm beworfen wurden (auf jenes Flechten oder Winden des Gezweigs geht das deutsche Wort Wand zurück). Die Fenster waren kleine Löcher in der Wand, verblendet mit der Haut von Tierblasen oder fettgetränktem Stoff, durch die ein wenig Helligkeit ins Innere fallen konnte.

Die Lebensdauer solcher Häuser war nicht sehr lang. Feuchtigkeit und Fäulnis griffen die Balken an, zumal in Bodennähe, viel länger als eine Generation hielten solche Behausungen nicht. Sie mussten dann durch Neubauten ersetzt werden, manchmal an gleicher, manchmal an anderer Stelle. Dies hing auch von der

Bäuerlicher Hausstand im Mittelalter.
Buchmalerei. Um 1400.

Ergiebigkeit der Äcker ab, die bei abnehmender Bodenfruchtbarkeit oder infolge eines anhaltenden Klimawechsels immer weniger Erträge brachten und schließlich aufgegeben wurden. Die Bauern zogen dann anderswohin und erschlossen sich neue Ländereien.

Sie waren Feldbauern, aber auch Viehhalter, und bestellten ihre Äcker mit Getreide und Hülsenfrüchten. Rinder dienten sowohl als Zugtiere wie als Milch- und Fleischlieferanten, Schweine wurden zur Mast in die Wälder getrieben, wo es im Herbst Eicheln und Bucheckern gab. Viele Bauern hielten sich Federvieh und besaßen Schafe, um Wolle für Kleidung zu gewinnen. Reine Viehhaltung blieb die Ausnahme, sie fand nur dort statt, wo die Natur für eine Feldbearbeitung nicht genügend hergab.

Im Mittelpunkt der bäuerlichen Tätigkeit stand die Feldarbeit. Der Rhythmus war der gleiche wie noch heute in unseren Breiten: Aussaat in Herbst oder Frühjahr, Ernte in Spätsommer und Herbst. Als Feldfrüchte nutzte man vorwiegend Getreide und Hülsenfrüchte. Ein Teil der Ernte wurde nicht als Nahrung verbraucht, sondern diente später als Saatgut.

Bestellt wurde ein Acker nur alle zwei Jahre, dazwischen sollte er ruhen. Diese Form der Feldgraswirtschaft wurde im Hochmittelalter durch die Dreifelderwirtschaft abgelöst: Im ersten Jahr bestellte man die Fläche mit Wintergetreide, im zweiten mit Sommerkorn, im dritten blieb sie Brache, auf die das Vieh zur Weide getrieben wurde. Dies brachte eine Erholung des Bodens, auf den zusätzlich Dung aufgetragen wurde. Jedes Gehöft hatte seinen Misthaufen. Das Düngen ist eine alte agrarische Kulturtechnik, Dungtransporte gehörten zu den Fronarbeiten.

Vor der Aussaat musste der Boden gelockert werden, was mittels einer Hacke oder mit Hilfe eines Pfluges geschah. Die älteste und ursprünglichste Pflugform, gebräuchlich noch bis ins Hochmittelalter hinein, war ein simpler Baumast, der als Deichsel diente, versehen mit einem gegen die Zugrichtung gewende-

ten metallenen Sporn, der die Erde aufriss. Gezogen wurde er
wenn nicht von Menschen, dann von Zugtieren, die in Mitteleuropa zunächst Ochsen waren. Um den Boden möglichst um-
fassend zu lockern, liefen die Furchen von oben nach unten und
anschließend von links nach rechts, also kreuz und quer.

Dann kam mit dem sechsten Jahrhundert der Schollenpflug
auf. Bis zum Hochmittelalter hatte er sich überall in Europa
durchgesetzt. Eine technologisch fast revolutionäre Erfindung,
da er auf Rädern lief, was den Einsatz erleichterte, versehen mit
einem Messer und einer asymmetrischen Pflugschar. Der Boden
wurde nicht mehr geritzt, sondern umgewälzt.

Der Schollenpflug blieb nicht die einzige Innovation. Mit
Einführung der Egge wurde es möglich, den umbrochenen Boden zu zerkleinern und zu glätten. Als Zugvieh wurde der Ochse
jetzt mehr und mehr ersetzt durch das Arbeitspferd, außerdem
stand ein anderes, besseres Zaumzeug zur Verfügung, mit ge-
polstertem Joch oder Kumt. Die Tiere wurden dadurch geschont
und waren länger einsetzbar, was die Arbeitszeiten verlängerte
und die Arbeitsleistung steigerte. Die Hufe der Pferde wurden
beschlagen. Auch das erhöhte die Ausdauer der Tiere. Sie wurden, wenn es sich so ergab, manchmal sogar zu viert eingespannt,
eine Technik, die es zuvor so nicht gab.

Innovationen gab es auch im Wagenbau: Statt des bis dahin
gebräuchlichen Zweiradkarrens wurden jetzt Gefährte mit vier
Rädern hergestellt. Sie ermöglichten den Transport größerer,
sperriger Lasten ebenso wie den Transport von Personengruppen, was zumal für den militärischen Einsatz bedeutsam war.
Die Schubkarre wurde erfunden. Der Spaten erhielt statt eines
hölzernen ein eisernes Blatt. Bei der Erntearbeit löste die neu er-
fundene Sense die althergebrachte Sichel ab. Das Dreschen der
geernteten Garben erfolgte nicht mehr mit den Füßen oder den
Hufen von Tieren, sondern, weit effizienter, mit dem Dreschfle-
gel. Das so gewonnene Korn hatte bisher die Bäuerin zu Mehl

verarbeitet, es war dies eine ihrer wichtigsten Tätigkeiten, doch nunmehr wurde es zur Mühle gebracht, wo die Weiterverarbeitung erfolgte. Der Müllerberuf war eines der frühesten agrarischen Gewerke neben jenem des Schmieds. Ausgegangen ist diese Form der Arbeitsteiligkeit vermutlich von Klöstern, die fast durchweg über umfänglichen Landbesitz geboten.

Was bisher beschrieben wurde, war der mitteleuropäische Standard, besonders auf dem flachen Lande. In bergigen Gegenden mit besonders fruchtbarer Vegetation, etwa an den Südhängen der Alpen, betrieb man auch eine terrassierte Anbauweise. Sie war ein Erbe der römischen Antike, nicht anders als der Weinanbau und die Ölbaumkulturen. Da Rebstöcke bei ihrer Neuanpflanzung mehrere Jahre, Ölbäume sogar noch länger brauchen, ehe sie tragen, entschlossen sich die toskanischen Bauern zur Mischkultur: Zwischen Ölbäumen stand Wein, darunter lagen die Weizenfelder.

Der altfranzösische «Roman de Renart», er wurde zwischen 1175 und 1250 von mehreren Autoren verfasst, bringt das antike Vorbild der Tierfabel von Fuchs und Wolf auf eine große epische Form; das Buch wurde zum Vorbild vieler ähnlicher Dichtungen auch in anderen Gegenden. In ihm findet sich eine hübsche Schilderung des zeitgenössischen ländlichen Milieus, gegeben aus der Sicht des Bären Brun:

«Das Getreide stand in Ähren, wir fanden das Kornfeld dicht bewachsen; durch eine offene Tür traten wir ein. Bei einer Scheune in einem Obstgarten, da mussten wir uns aufhalten und zwischen den Kohlköpfen bis abends ganz ruhig liegen bleiben. Beim Einbruch dieser Nacht sollten wir den Topf zerbrechen und den Honig essen und behalten. Aber der Vielfraß konnte nicht an sich halten, er sah die Hühner im Strohhof und begann das Maul aufzureißen. Eines überfällt er, die anderen schreien. Die Bauern, die im Hof waren, schlugen im Dorf Lärm, bald waren mehr als 2000 da. Zum Hof kamen sie gerannt und jagten Renart mit Geschrei, mehr als 40 in einer Rotte. Es war kein Wunder, wenn ich Angst bekam; im Galopp habe ich kehrtgemacht.»

SIEDLUNGSDICHTE, SIEDLUNGSFORMEN

Wir besitzen keine sehr genauen Angaben über Bevölkerungszahlen und Bevölkerungsdichten im Mittelalter. Als mögliche Quellen dienen Güter- und Wirtschaftsverzeichnisse, für spätere Zeiten existieren städtische Archivalien und Steuerlisten. Für eine zuverlässige Bevölkerungsstatistik ist das sehr wenig, mehr als Annäherungen lassen sie nicht zu. Mit entsprechender Vorsicht sind daher die statistischen Daten zu bewerten, die die Mittelalterforschung herausfand. Demnach hätte die Bevölkerung Gesamteuropas um das Jahr 650 18 Millionen Einwohner betragen, um das Jahr 1000 38,5 Millionen, um das Jahr 1350 73,5 Millionen.

Die Bevölkerungsdichte gestaltete sich zu allen Zeiten höchst unterschiedlich. Besonders eng besiedelt waren stets die Gegend um Paris sowie die Toskana. Man hat für das Hochmittelalter in der Region an der Isère eine durchschnittliche Zahl von 34 Bewohnern pro Quadratkilometer errechnet, für die Gegend um Lille lediglich zehn und im Tal der Mosel nur etwa vier. Im Osten dürfte die Besiedlung noch geringer ausgefallen sein. Der Bevölkerungsdichte entsprach der jeweilige Grad der agrarischen Nutzung und der landwirtschaftlichen Erschließung. Der größere Teil Mitteleuropas blieb zunächst bedeckt von meist unzugänglichen Wäldern, durchsetzt mit Mooren und den Überschwemmungsgebieten der durchweg unregulierten Flüsse.

Bei alldem muss man sich vergegenwärtigen, dass die bäuerliche Bevölkerung neunzig Prozent der Gesamtbevölkerung ausmachte. Dieser Anteil war gleichbleibend das Mittelalter hindurch, von dessen Beginn bis zu dessen Ausgang. Bauern blieben die wichtigsten, die entscheidenden Güterlieferanten, sie allein garantierten die Ernährung aller, wie abschätzig höhergestellte Personen auf sie und ihr Tun auch herabblicken mochten.

Die Häuser von Bauern standen für sich oder im Dorfverband. Auch hier waren die geographischen Gegebenheiten mitentscheidend: Bergbauern etwa mochten vereinzelt leben und wirtschaften, weil es die Umstände nicht anders erlaubten. Häufiger und auch sicherer war das gemeinsame Siedeln in Dorfgemeinschaften, was den Vorzug hatte, dass man sich gegenseitig helfen konnte, sowohl bei der Arbeit wie bei der Abwehr von feindlichen Übergriffen. Größe und Gestalt solcher Dörfer konnten unterschiedlich ausfallen; sofern sie erst einmal bestanden und nicht wieder aufgelassen wurden, blieb ihre Form in etwa erhalten, da die Lage der Gebäude und die der zugehörigen Äcker unveränderlich war und von einer Generation zur nächsten vererbt wurde. Häufige Formen in Mittel- und Westeuropa waren das Straßendorf, das Haufendorf, das Angerdorf und der Rundling.

Sofern eine Kirche im Dorf stand, bildete sie den Mittelpunkt. An sie schlossen der Kirchhof an, auf dem die Toten beigesetzt wurden, und der Anger, ein für alle Bewohner zugänglicher Freiraum, auf dem auch die Feste unter freiem Himmel stattfanden. Die Höfe waren auf Anger und Kirche hin ausgerichtet, dabei aber meist willkürlich geordnet; zwischen ihnen verliefen regellose Gassen, die nicht mehr als ausgetretene Erdwege waren. Zu den Häusern gehörten Gärten, in denen die Bäuerinnen Gemüse zogen, und, nebeneinanderliegend, Felder und Weiden. Letztere wurden vor allem gemeinschaftlich genutzt. Auch der an das Dorf grenzende Wald war Gemeinbesitz und stand dem gesamten Dorf offen, sofern nicht Ansprüche des auf sein Jagdrecht bestehenden Grundherrn existierten.

Die Kleidung des mittelalterlichen Bauern war einfach. Bei Männern bestand sie aus Leibrock oder Kittel, einer bis zu den

Knöcheln reichenden Langhose und einem ärmellosen Mantel, in der Art eines Ponchos oder alpinen Wetterflecks. Die Frauen trugen lange faltenreiche Kleider, die den gesamten Leib bedeckten und von einem einfachen Gürtel gehalten wurden, im Sommer ärmellos, im Winter mit Langarm. Die Färbung der Stoffe war schwarz oder grau. Unterkleider kamen erst spät auf und bestanden dann aus leinenen Hemden. Als Kopfbedeckung diente eine gestrickte oder aus Filz gefertigte Kappe. Die Schuhe waren entweder aus weichem Holz geschnitzt oder aus Leder verfertigt. Bei großer Kälte wurde eine Decke übergeworfen. In ärmeren Schichten umhüllte man die Gliedmaßen verschiedentlich auch nur mit Lappen. Die Frisuren bei den Männern glichen dem, was man später Topfschnitt nannte, die Frauen trugen ihr Haar offen oder zum Zopf gebunden.

CANOSSA

Canossa ist heute eine Ruine am Rande des Apennin über der Po-Ebene und gehört zur norditalienischen Region Emilia-Romagna. Im Mittelalter war es ein Burg, Sitz der Markgrafen von Tuszien, was Toskana bedeutet, wiewohl das Tuszien des Mittelalters nur in Teilen mit der heutigen Toskana übereinstimmt.

Canossa wurde im Jahr 1075 zum Schauplatz eines Schauspiels, das außerordentliches Aufsehen erregte. Die Erinnerung daran ist wenigstens in Deutschland lebendig bis heute. Als Canossagang wurde es sprichwörtlich; «nach Canossa gehen wir nicht», erklärte Otto von Bismarck, deutscher Reichskanzler nach 1871, und er hätte diese Wendung nicht benutzt, wäre er nicht sicher gewesen, dass jedermann sie verstand.

Das Schauspiel bestand darin, dass ein deutscher König, Heinrich IV., in den Hof der Burg Canossa trat. Es war Winter. Schnee lag, der Wind wehte eisig. Der König wartete. Er wartete mehrere Stunden. Er trug eine härene Kutte, war barhäuptig und barfüßig. An den zwei folgenden Tagen wiederholte er seinen Bittgang, erst am vierten wurde er eingelassen.

Es ging um die Lösung vom Kirchenbann. Der war eine Strafe, eine sehr harte dazu: Der davon Betroffene sah sich aus der Gemeinschaft der Gläubigen ausgeschlossen, besaß keine Rechte mehr und kein Eigentum. Die Strafe gab es im kirchlichen Recht wie im weltlichen, wo sie den Namen Acht trug. Die Implikationen waren hier wie dort die gleichen.

Nun nahm ein König, dies gehörte zu seinen Obliegenheiten, in seinem Reich die Rolle des obersten Gerichtsherrn ein. War es möglich, ihn seinerseits mit einer derart existenziellen Strafe zu belegen? Es war möglich, und zwar durch jene Instanz, die gleichsam der König über die Könige war, sich jedenfalls so betrachtete. Als der oberste Bischof der katholischen Christenheit verfügte der Papst wie alle Bischöfe über grundherrlichen Besitz und grundherrliche Gewalt, die das Richteramt einbegriff.

Der Kirchenbann gegen König Heinrich IV. hatte seine Vorgeschichte. Der König selbst war kein unproblematischer Charakter: Er galt als jähzornig, streitsüchtig, in seinen Handlungen häufig unbedacht und hatte es mit Weibern.

Die Dynastie, der er angehörte, war die der fränkischen Salier. Sie hatten die Herrscherfamilie der sächsischen Ottonen abgelöst, die mehr als hundert Jahre Regenten in Ostfranken gewesen waren. Wie in allen Herrscherhäusern hatte es unter ihnen stärkere und schwächere Persönlichkeiten gegeben, durchweg mussten sie sich gegen die immer wieder aufflammenden Partikularinteressen deutscher Stammesfürsten behaupten. Die meisten Ottonen hatten die Kaiserwürde erhalten, die, seit Karl dem Großen, der römische Papst verlieh.

Auch die Salier erstrebten solchen Rang. Der Vater Heinrichs IV., gleichfalls mit Namen Heinrich, hatte die Kaiserkrone aufgesetzt, nachdem er massiv dafür gesorgt hatte, dass drei miteinander konkurrierende Päpste abgesetzt wurden und ein Papst seiner persönlichen Wahl auf den Stuhle Petri gelangte. Zeuge dieser Vorgänge war ein Mönch gewesen, der Hildebrand hieß und die Sache für das Papsttum als höchst demütigend empfand.

Jahre später wurde er selber römischer Pontifex, unter dem Namen Gregor VII. Er war ein machtbewusster, finster-fanatischer Mensch. Die einstige Fremdbestimmung des Papsttums unter einem Salier hatte er nicht vergessen und suchte jetzt einen Anlass, dies aufzuheben. Die Gelegenheit ergab sich, als Heinrich IV. daranging, über die Neubesetzung eines wichtigen Bischofsstuhls allein und eigenmächtig zu verfügen. Papst Gregor untersagte dieses Laieninvestitur genannte Verfahren prinzipiell. Heinrich hatte die Stirn, sich zu wehren. Er erklärte den Papst für abgesetzt. Gregor antwortete mit dem Bann.

Dies implizierte auch, dass der Treueid, mit dem sich alle Untertanen an Heinrich gebunden hatten, nichts mehr galt. Ein Fürstentag forderte Heinrichs Absetzung und wählte einen Gegenkönig. Heinrich sah, dass ihm sämtliche politische Macht zu entgleiten drohte. Er musste, was immer es kostete, dafür sorgen, dass Papst Gregor seinen Bannfluch zurücknahm.

Die Zeit drängte. Ein Reichstag in Augsburg stand bevor, dem der Papst vorsitzen würde. Heinrich entschloss sich zu einer persönlichen Begegnung mit Gregor.

Er musste zu diesem Zweck die Alpen überqueren. Das Unternehmen war riskant nicht nur der Jahreszeit wegen, sondern auch, da Heinrichs Gegner unter den Fürsten die üblichen Alpenpässe bewachen ließen. Heinrich wich aus, nach Genf und Besançon, um schließlich über den Mont Cenis nach Italien zu gelangen.

Ein Chronist:

«Der Winter war grauenvoll, und die hochaufragenden und mit ihren Gipfeln die Wolken berührenden Berge, über die der Weg führte, starrten so von ungeheuren Schnee- und Eismassen, dass auf den glatten steilen Hängen weder Reiter noch Fußgänger ohne Gefahr auch nur einen Schritt tun konnten. Aber das Nahen des Jahrestages, an dem der König in den Bann getan worden war, duldete keine Verzögerung der Reise. Denn der König kannte den gemeinsamen Beschluss der Fürsten, dass er, wenn er bis zu diesem Tage nicht vom Bann losgesprochen wäre, verurteilt werden und den Thron unwiderruflich verlieren sollte.»

Gregor, das wusste Heinrich, war auf dem Wege nach Norden. Der Papst glaubte zunächst, Heinrich sei nach Italien gekommen, um gegen ihn Krieg zu führen. Er flüchtete nach Canossa. Erst dort wurde er gewahr, dass Heinrich gänzlich andere Absichten hegte.

Der Papst war ein Geistlicher und als solcher dazu verpflichtet, die Haltung der *humilitas*, der christlichen Demut, zu akzeptieren und zu würdigen, also sein Erbarmen und seine Verzeihung nicht zu verweigern. Hausherr auf Canossa war eine Frau, Markgräfin Mathilde, eine ziemlich machtbewusste Person. Ihrem Ansehen konnte der historische Kompromiss, der sich hier anbahnte, nur von Nutzen sein.

Heinrich wurde schließlich erhört. Gregor selbst hat in einem Brief den Vorgang geschildert: Der König habe unter «reichlichen Tränen Hilfe und Trost des apostolischen Erbarmens» erfleht; alle, die anwesend gewesen waren oder zu denen diese Kunde gelangte, hätten, «von Mitleid und Barmherzigkeit überwältigt», sich für den König «unter Bitten und Tränen» verwendet.

Gregor löste den Bann. Heinrich war am Ziel, er hatte es erreicht durch eine Selbstdemütigung, die bislang ohne Beispiel war. Er hatte die Überlegenheit des Papstes anerkannt. Der Konflikt, wer das letzte Wort bei der Ernennung hoher geistlicher Ämter haben sollte, schien zugunsten des Papstes entschieden. Der römische Pontifex hatte auf der ganzen Linie gesiegt.

Rex rogat Abbatem! Mathildim supplicat atq;

Heinrich IV. bittet in Canossa um Vermittlung. Buchmalerei. Um 1110.

Aber auch Heinrich zog Vorteil aus der Einigung. Er blieb König; der Aufstand seiner Fürsten gegen ihn war gescheitert. Der Papst hatte sich nicht für einen Gegenkönig verwendet, sondern für ihn. So gesehen, hatte der Salier politisch vernünftig gehandelt. Dass jemand, und sei er noch so hochgestellt, im Gewande des reuigen Büßers auftrat, war so erniedrigend wieder nicht, vielmehr passte er sich damit ein in die christliche Denkungsart, der sich beide verpflichtet sahen, der Papst wie der Kaiser.

TEIL 2

VON PARIS NACH JERUSALEM

DAS HOHE MITTELALTER

PAPSTTUM, KIRCHENSTAAT

Das europäische Mittelalter war eine weitgehend christliche Epoche. Glaube und Glaubenskonflikte, klerikale Ansprüche und kirchliche Einrichtungen bestimmten es maßgeblich und bewirkten seine Veränderungen. Die Nähe zur politischen Macht blieb stets immanent.

Es gab eine fortwährende Tendenz zu Abweichung und Spaltung. Die für das Mittelalter erheblichste war der im Jahr 1054 endgültig vollzogene Bruch zwischen katholischem und byzantinischem Christentum. Der Katholizismus war straffer geordnet, er war (und ist) eindeutig ausgerichtet auf das eine Zentrum Rom. Der dortige Bischof und Nachfolger Petri ist zugleich Bischof der Bischöfe und Oberhirte der gesamten katholischen Christenheit. In dieser Funktion unterhielt er nicht nur eine allzeit enge Beziehung zu den verschiedenen politischen Mächten, sondern war zeitweilig selbst ein bedeutender weltlich-politischer Potentat.

Er würde dies bis zum Risorgimento, bis zu seiner Enteignung durch die staatliche Neuordnung Italiens, im Jahr 1870 bleiben. Zuvor war sein Herrschaftsraum, der Kirchenstaat, eines der größten und mächtigsten Territorialbesitztümer auf der Apenninhalbinsel gewesen. Hervorgegangen war es aus umfänglichen Schenkungen durch weltliche Herrscher, das sogenannte Patrimonium Petri; eine hatte der Frankenherrscher Pippin ausgefertigt, der Vater Karls des Großen, der sich damit die päpstliche Absegnung seiner Königswürde erkaufte. Der Umfang des Kirchenstaates veränderte sich während des Mittelalters ständig, da er ähnlichen Begehrlichkeiten und inneren Erschütterungen ausgesetzt war wie andere Fürstentümer.

Der Stuhl Petri blieb ein Wahlamt. Wahlberechtigte waren zunächst, nach dem ersten Jahrhundert, der Klerus und das Volk. Die Versuchung, diese Kür zu beeinflussen, war beträchtlich, deutsche Könige, wie das Beispiel Pippin zeigt, haben sich hier ebenso hervorgetan wie die Familien des römischen Stadtadels, die eine größere Anzahl von Päpsten stellten. Das entscheidende Wahlmännergremium bildete, ab dem Jahr 1059, das Kardinalskollegium, also die Versammlung der nach dem Papst höchsten Kirchenfürsten. Ein Kandidat musste wenigstens zwei Drittel aller Kardinalsstimmen auf sich vereinigen, um gewählt zu sein.

Seit 1247 erfolgte diese Wahl aufgrund einer päpstlichen Bestimmung durch das sogenannte Konklave: Die Kardinäle wurden gleichsam eingesperrt, bis sie zu einer Entscheidung gelangt waren. Dieses Verfahren, ursprünglich aus der Not geboren, hat sich bis heute erhalten. Das Ziel, nämlich der Ausschluss von Korruption und anderen Formen äußerlicher Einflussnahme, wurde erreicht, wiewohl es immer wieder Ausnahmen gab und auch das zeitweilige Auftreten von Doppelpäpsten nicht verhindern konnte.

So viel zur Spitze der Kirche. Wie stand es sonst um die klerikalen Dinge?

Mangelhafte Ausbildung fand sich bis in die höheren kirchlichen Ränge. Das hatte auch damit zu tun, dass Bischöfe und Erzbischöfe, ähnlich wie der Papst, zugleich weltliche Fürsten waren, ausgestattet mit Territorialbesitz und mit hohen Funktionen im allgemeinen Herrschaftsbetrieb. Die Erzbischöfe von Mainz waren die Erzkanzler der deutschen Könige. Zu den Fürstenversammlungen, die den deutschen Herrscher wählten, gehörten die Erzbischöfe von Mainz, Köln und Trier. Abt Suger von St.-Denis wurde einer der wichtigsten politischen Berater der Franzosenkönige Ludwig VI. und Ludwig VII.; während der Abwesenheit des Letzteren versah Suger die Regierungsgeschäfte.

Die deutschen Erzbischöfe entstammten üblicherweise dem Hochadel, wogegen der einflussreiche Suger von St.-Denis Sohn eines Leibeigenen war. Das gab es also auch, der geistliche Stand zeigte sich für sozialen Aufstieg durchlässiger als die weltliche Herrschaft. Da der Zölibat für den hohen Klerus Vorschrift war, hatte er keine Nachkommen (oder jedenfalls keine anerkannten). So musste die Nachfolge bei hohen kirchlichen Ämtern nach dem Ableben oder, seltener, Rücktritt eines Funktionsträgers immer wieder neu bestimmt werden; es gab keine direkten dynastischen Ansprüche. Entscheidend war hier zunächst der Vorschlag des zuständigen weltlichen Herrschers. Die Domkapitel hatten zwar ein formelles Wahlrecht, von dem sie mit letzter Konsequenz jedoch kaum Gebrauch machten.

Die Kirche besaß in allen Teilen des christlichen Abendlandes Grund und Boden. Wie das Patrimonium Petri war auch dieser Besitz zumeist aus Schenkungen des Adels hervorgegangen, der sich damit seinen Einfluss bei den Investituren, den Besetzungen von hohen geistlichen Ämtern, sicherte. Der so entstandene Besitz wuchs im Laufe des Mittelalters zu beträchtlicher Größe, Kirchenfürsten waren einflussreiche Territorialherrscher, die sich auch kriegerisch zu engagieren wussten und diese Macht erst in der Moderne verloren, durch verschiedene Formen der Säkularisierung und durch die Französische Revolution.

DIE WELT DER KLÖSTER

Im Jahr 529 zog der Mönch Benedikt aus dem umbrischen Nursia, das heute Norcia heißt, mit einer kleinen Schar von Anhängern auf den südlich von Rom gelegenen Monte Cassino und gründete dort ein Kloster. Asketische christliche Lebensgemeinschaften hatte es schon lange davor gegeben, in der katholischen wie in der orthodoxen Kirche, doch Benedikt entwarf ein Regelwerk, das rasch auch für andere Klöster verbindlich wurde.

Die Grundforderungen lauteten: Keuschheit, persönliche Armut, Mildtätigkeit, Gehorsam und Schweigen. Der Mönch musste sie durch entsprechende Gelübde bestätigen. Zweck des klösterlichen Lebens waren die ständige Vervollkommnung und der Versuch einer inneren Annäherung an Gott: Es handelte sich um einen Erziehungsprozess. Organisation und Pädagogik bildeten die Basis allen monastischen Daseins. Sie hatten eine starke Außenwirkung, was der Umwelt kulturelle Anregungen und Innovationen bescheren konnte.

Im Kloster bestand eine strenge Hierarchie. Die Führung hatte der Abt. Er kam zu seinem Amt durch die Wahlentscheidung der Brüder, sollte Lehrmeister wie liebevoller Vater sein und behielt diese Stellung sein Leben lang. Ihm zur Seite stand ein Beirat. Andere kümmerten sich um die Versorgung, um die Gottesdienste, um den Gesundheitsdienst, auch jenen für Außenstehende, um den Nachwuchs und dessen Erziehung, um die Bibliothek, um die Schreibstube.

Benedikts Forderung an den Mönch lautete: *ora et labora*, bete und arbeite. Das Kloster war auch ein Wirtschaftsbetrieb, mit Gemüsegärten, mit Äckern, mit Werkstätten für Handwerke. Die daraus sich ergebenden Pflichten nahmen bald einen derartigen Umfang an, dass Hilfskräfte benötigt wurden, sogenannte Konversen oder Laienbrüder. Es gab sie ab dem elften Jahrhundert. In manchem verpflichteten sie sich den klösterlichen Regeln, ohne dabei gleiche Rechte zu haben wie die Ordensgeistlichkeit.

Üblicherweise wurde einmal am Tag gegessen. Zur Nachtruhe begab man sich in den gemeinsamen Schlafsaal. Der Tagesablauf war klar strukturiert, vor allem durch die sieben Gebete: Matunin und Prim am Morgen, Vesper und Complet am frühen Abend, Terz, Sext und Non am späteren Abend. Die drei letzten sind benannt nach festen Stunden, was voraussetzte, dass sich diese bestimmen ließen. Im benediktinischen Kloster geschah dies mit Hilfe der Sonnenuhr und des Astrolabiums; etwa seit dem dreizehnten Jahrhundert gab es auch mechanische Uhren.

Die Brüder konnten lesen und schreiben. Die Klosterbibliotheken waren so etwas wie das kulturelle Gedächtnis der Epoche,

hier wurden die antiken und die frühchristlichen Schriften auf-
bewahrt, gelesen, bedacht, kommentiert, sämtliche Chronisten
jener Zeit und fast alle Verfasser von historischen Beschreibun-
gen, auf denen unsere heutige Kenntnis jenes Zeitalters gründet,
waren Mönche.

Dank ihrer Bildung versahen manche Ordensbrüder Tätigkeiten im außermonastischen Bereich. Notare wie Diplomaten waren üblicherweise Geistliche, denn sie beherrschten die interna-
tionale Verkehrssprache Latein, in der Verträge und Urkunden
ausgefertigt wurden und die zugleich die Sprache der Kirche, die
Sprache von Liturgie und Bibel war.

Ordensgründer Benedikt hatte eine Schwester, Scholastika,
die, wie er selbst, später heiliggesprochen wurde. Einer frommen
Überlieferung zufolge gilt sie als Gründerin des weiblichen Ordens der Benediktinerinnen, der sich rasch verbreitete und großen Zulauf fand. Die Tätigkeit der Nonnen unterschied sich
nicht wesentlich von der ihrer Ordensbrüder. Frauenklöster gaben die Möglichkeit zur weiblichen Selbstverwirklichung in diesem durchweg patriarchalisch strukturierten Zeitalter. Darin vor
allem liegt ihre soziale Bedeutung.

Die Klöster in der Nachfolge des heiligen Benedikt prägten
das gesamte katholische Europa. Sie entstanden und arbeite-
ten von Irland bis Ligurien, von Polen bis Katalonien – stets aus
dem gleichen Geist, mit den gleichen Prinzipien und den gleichen Strukturen. Im Laufe der Jahrhunderte freilich gab es immer wieder auch Auflösungs- und Degenerationserscheinungen.
Die Gegenbewegung entstand in den eigenen Milieus. Eine erste
nachhaltige Reform ging zu Beginn des zehnten Jahrhunderts
von dem burgundischen Cluny aus, das auf eine Neufassung
der alten Benediktsregel und die Unabhängigkeit von weltlichen
Einflüssen sann. Die Außenwirkungen waren beträchtlich, sie
äußerten sich unter anderem in einer veränderten monastischen
Architektur.

Eine weitere Reform erfolgte rund hundert Jahre später, wieder in Burgund, in der nahe Cluny gelegenen Abtei von Cîteaux. Angehörige des hier gegründeten Ordens der Zisterzienser beteiligten sich maßgeblich an der Christianisierung und Besiedlung westslawischer Regionen. Sie waren emsige Bauern und Erbauer, die klösterlichen Backsteinarchitekturen im heutigen Ostdeutschland und Westpolen sind durchweg zisterziensischen Ursprungs. Die Aktivitäten des Ordens beschränkten sich nicht auf jene Regionen, Zisterzienser wirkten ebenso in Spanien, in Skandinavien, in Italien.

Die Reformklöster begriffen sich als Vollender des benediktinischen Gedankens. Alle wirkten sie zunächst im ländlichen Raum, also abseits der im Hochmittelalter immer zahlreicher und mächtiger werdenden Städte. Dort kam es dann gleichfalls zu monastischen Aktivitäten durch neue Ordensgemeinschaften wie Augustiner und Dominikaner, die bereit waren, sich in das urbane Geschehen einzupassen.

Die Diversifikation des klösterlichen Lebens, an dem die weiblichen Orden in allen Phasen Anteil hatten, hörte nicht auf. Karmeliten und Karthäuser entstanden. Charismatische Persönlichkeiten traten ebenso hervor wie düstere Fanatiker. Die Auffächerung setzte sich über das Mittelalter hinaus fort. Heute existieren, grob geschätzt, um die zwei Dutzend Orden und Kongregationen, mit unterschiedlichen Trachten, mit unterschiedlichen Aufgaben, mit unterschiedlichem Selbstverständnis. Gemeinsam war und ist ihnen, als Einheit in der Vielfalt, die dauernde Form des gemeinschaftlichen Lebens, das Gelübde von Gehorsam, Keuschheit und Armut, die unbedingte Gefolgschaft gegenüber Kirche und Papst.

So weit die theologischen Momente. Doch Wirkung und Einfluss der Klöster reichten sehr viel weiter.

«In den Händen der Mönche lag nicht nur die Kunst, die Wissenschaft und die Philosophie. Sie haben nicht nur Dome und theologische Systeme gebaut, sondern auch Straßen und Brücken, sie haben nicht nur Bildung und Moral ins Volk getragen, sondern auch Wälder gerodet und Sümpfe ausgetrocknet, nicht nur heute noch blühende Weinlandschaften angelegt und ‹Gärten› im schönsten Sinne des Wortes … Wo das Leben Fortschritte macht, sehen wir sie am Werk, ob es sich um das Abbild des christlichen Kosmos in einer einlässlichen Symbolgestalt oder um aristotelische Dialektik handelte, um Stallfütterung oder Dreifelderwirtschaft: die Wirklichkeit ist allemal berücksichtigt.»

So der Historiker Arno Borst. Die kulturelle Leistung der Klöster für die Jahrhunderte des europäischen Mittelalters ist gar nicht hoch genug einzuschätzen. Sie, und vor allem sie, bewahrten die Humanitas und bewegten den zivilisatorischen Fortschritt.

ABAELARD UND HELOISA

Heloisa war ein überaus hübsches junges Mädchen. Ihren Vater hat sie nicht gekannt, ihre Mutter lief einem wandernden Prediger hinterher und starb bald. Die kindliche Waise kam zur Erziehung in ein Kloster, wo sie, von Nonnen unterrichtet, die Grundlagen ihrer beträchtlichen Bildung erfuhr.

Ihr Onkel Fulbert war Geistlicher und bekleidete das angesehene Amt eines Kanonikus an der Pariser Hauptkirche Notre-Dame. Er holte die inzwischen erwachsene Frau zu sich, als sein Mündel, er ließ sie in seinem Haus wohnen und gedachte, ihre Bildung zu vervollkommnen. Er hing an ihr. Als Hauslehrer bestellte er einen der klügsten und renommiertesten Gelehrten seiner Zeit, Pierre Abaelard.

Der 1079 geborene Abaelard war der Sohn eines bretonischen Kleinadligen und sechzehn Jahre älter als Heloisa. Frühzeitig entschlossen, sich den Wissenschaften zu widmen, studierte er Philosophie und Theologie bei verschiedenen angesehenen Lehrern, mit denen er sich bald überwarf. Er wusste genau, wie überaus gescheit er war, und ließ das seine Umwelt durch Arroganz und überlegene Haltung deutlich spüren. Er gründete eine eigene Schule, veröffentlichte theoretische Schriften und tat sich in öffentlichen Disputationen hervor, dem damals üblichen Mittel, intellektuelle Konflikte auszutragen. Derart gelangte er schließlich nach Paris und gab als Lehrer Unterricht an der dortigen Domschule.

Seine Privatschülerin Heloisa hat ihn von Anfang an tief beeindruckt:

«Gehörte sie schon ihrem Äußern nach nicht zu den Letzten, so war sie durch den Reichtum ihrer Bildung weitaus die Erste. Da ich sie mit allem geschmückt sah, was Liebhaber anzulocken pflegt, gedachte ich sie zur Liebe an mich zu fesseln.»

Das ist zurückhaltend formuliert. Aus der Begegnung wurde bald das, was im Französischen ein *coup de foudre* und eine *amour fou* heißt, ein jähes Entflammen und eine Wahnsinnsliebe. «Ich suchte nach Gelegenheit», so Abaelard, «sie durch täglichen Verkehr in ihrem Haus mir vertraut zu machen und sie leichter zur Hingabe zu verleiten. Was soll ich weiter sagen? Zuerst ein Haus, dann ein Herz und eine Seele verbanden uns. Unter dem Deckmantel der Unterweisung gaben wir uns ganz der Liebe hin. Keine Stufe der Liebe ließen wir Leidenschaftlichen aus, und wo die Liebe etwas Ungeheuerliches erfinden konnte, wurde es mitgenommen.»

Heloisa entdeckte, dass sie schwanger war. Wie damit umgehen? Abaelard ließ sie heimlich an einen abgelegenen Ort bringen, wo sie niederkam und einen Sohn zur Welt brachte. Zur gleichen Zeit war Abaelard bemüht, sich mit Heloisas Onkel Fulbert zu verständigen. Sein Vorgehen schien erfolgreich. Heloisa kehrte nach Paris zurück und wurde, entsprechend Fulberts Forderung (doch entgegen ihrem eigenen Willen), mit Abaelard kirchlich getraut. Hiermit war die Geburt des Kindes immerhin nachträglich legitimiert und ein öffentlicher Skandal vermieden. Das Kind kam in die Obhut von Abaelards Schwester. Doch völlig beigelegt war die Sache damit nicht. Heloisa geriet immer wieder in schwere Konflikte mit ihrem Onkel, der sie mehrfach körperlich misshandelte. Der Kanonikus war erregt, gekränkt, vielleicht auch eifersüchtig, außerdem hatte er über die Affäre geplaudert, die daraufhin die Runde machte. Abaelard musste um seine Dozentur an der Domschule fürchten, und um Heloisa weitere Demütigungen zu ersparen, brachte er sie in einem Kloster unter. Fulbert glaubte, Abaelard wolle sich solcherart seinen ehelichen Pflichten entziehen, und sann auf Rache.

Er begab sich auf die Suche nach Helfershelfern, die er bald fand. Abaelards Diener gehörte zu ihnen, Fulbert versprach ihm eine reichliche finanzielle Entlohnung. Eines Nachts wurde Abaelard von Fulberts Schergen überfallen. Sie packten den Schlafenden, zogen ihre Messer und entmannten ihn. Die Verwundung war schwer. Der Vorfall erregte Aufsehen. «Ich fühlte mehr die Scham als die Verletzung», erzählt Abaelard. «Ich litt mehr an der Schmach als am Schmerz.» Die Täter wurden übrigens gefasst. Zwei von ihnen verloren ebenfalls ihre Genitalien, außerdem wurden sie geblendet.

Abaelard zog sich in ein Kloster zurück. Er legte die erforderlichen Gelübde ab und wurde Mönch, während Heloisa Nonne wurde: Dies schloss eine mögliche Wiedervereinigung der Eheleute endgültig aus. Beide machten anschließend eine bedeutende geistliche Karriere: Heloisa wurde Priorin und Äbtissin, Abaelard verfasste philosophisch-theologische Arbeiten, die ihm außerordentliche Aufmerksamkeit und großen Einfluss bescherten.

Zudem schrieb er an seiner Autobiographie, die er «Historia Calamitatum», seine Leidensgeschichte, nannte. Es entstand ein Buch von erstaunlicher Offenheit. Durch dessen Publikation wurde Heloisa zehn Jahre nach beider Trennung auf den einstigen Geliebten aufmerksam. Sie begann, ihm zu schreiben. Daraus entwickelte sich eine Korrespondenz, die zu den eindrucksvollsten und ergreifendsten Briefwechseln zählt, die wir kennen.

«Du weißt es, Geliebter, und alle Welt weiß es, wie viel ich in dir verloren habe und mit welch jammervollem Sturz jener allgemein bekannte höchste Verrat mich mir selbst und dir zugleich entriss, und dass mir aus der Art und Weise des Verlustes ein unvergleichlich viel größerer Schmerz erwächst als aus dem Unglück selbst.»

So Heloisa in ihrem ersten Brief. Abaelard antwortete:

«Seit wir uns von der Welt zurückgezogen, um Gott zu dienen, habe ich Dir noch kein Wort des Trostes und der Mahnung geschrieben! Ich habe geschwiegen, doch nicht aus Gleichgültigkeit, sondern in meinem starken Vertrauen auf Deine Klugheit.»

Damit war die Korrespondenz eröffnet. Ihr Umfang ist außerordentlich, ebenso ihre schonungslose Offenheit und Reflexionstiefe.

Hier einige Beispiele:

Heloisa: «Meine Liebe schlug um in solchen Wahnsinn, dass sie sich selbst das, was sie einzig begehrte, raubte ohne Hoffnung auf Wiedererlangung, indem ich selbst auf Deinen Befehl zugleich mit dem Gewand auch meine Seele umwandelte. Nichts habe ich je bei Dir gesucht, Gott weiß es, als Dich selbst, das weißt Du wohl.»

Abaelard: «Wieder und immer wieder lockt das Fleisch ein junges, frisches Herz, wie Du es hast, und legt ihm Leiden zu tragen auf. Leiden ohne Zahl. Ich weiß, es ekelt Dich geradezu an, so etwas zu hören. Ich weiß, es soll und soll vor Dir nicht ausgesprochen werden. Aber so spricht, dass aller Ohren es hören, so spricht, der da ist die Wahrheit.»

Heloisa: «Ganz schuldig bin ich, und doch auch, du weißt es, ganz und gar schuldlos. Denn nicht der Erfolg der Tat, sondern die Verfassung des Täters unterliegt der Anklage. Und die Billigkeit wägt nicht, was geschieht, sondern aus welcher Gesinnung etwas geschieht. Deiner Prüfung überlasse ich alles, Deiner Entscheidung füge ich mich in allen Stücken.»

Abaelard: «Lass Dir den hohen Ratschluss der himmlischen Liebe zu Herzen gehen. Lass es Dir zu Herzen gehen, wie barmherzig der Herr sein strenges Gericht uns zur Besserung dienen ließ, und wie er nur ein Glied meines Leibes zu verletzen brauchte, um unser beider Seelen zu retten. Bedenk, was wir verdient haben, und sieh mit Staunen Gottes liebende Barmherzigkeit.»

Abaelard starb im Jahr 1142, übrigens fast zeitgleich mit Heloisas Onkel Fulbert, der die gesamte Affäre alles in allem unbeschadet überstanden hatte. Heloisa lebte noch bis 1164. Auf ihren ausdrücklichen Wunsch wurde sie neben Abaelard beigesetzt.

Ihr gemeinsamer Sohn, der den Namen Astralabius trug, nahm seinerseits eine geistliche Laufbahn. Zuletzt war er Domherr im bretonischen Nantes. Beide Eltern hatten sich angelegentlich um ihn gekümmert, auch noch in ihrer Klosterzeit. Abaelard schrieb seinem Kind ein umfängliches Lehrgedicht.

Mehr als den Schaden fürchte der Mensch die Schmach.
Gleich dem ungestümen Trieb, der das Vieh treibt,
Eben so treibt den Menschen die ausschweifende Liebe.
Anreiz zur Wollust ist unser höchster und innerster Feind.

SCHOLASTIKER UND MYSTIKER

Mehr noch als die Affäre mit Heloisa war es das literarische und philosophische Werk, das den Ruhm Abaelards zu seiner Zeit und das gesamte Mittelalter hindurch begründete. Johannes Fried sagt es so:

«Abaelard war nicht nur ein Logiker; er war Theologe und nicht zuletzt ein Moralphilosoph … Der freie, von eigener Einsicht gelenkte Wille wurde zur Grundlage eigener Lebensgestaltung, in eigenverantwortlicher, aber grundsätzlich korrigierbarer Willensbetätigung. Es war, weil dieser ‹freie Wille› keinem Menschen vorzuenthalten war, keinem Knecht, keiner Magd, ein entscheidender Schritt zur Begründung menschlicher Freiheit schlechthin, ein unverwechselbares Kennzeichen abendländischer Kultur, auch wenn dieselbe zu Abaelards Zeit noch in weiter Ferne lag.»

Abaelard war einer der großen Denker der Geistesgeschichte, ein wortmächtiger Vertreter jener philosophischen Strömung, die das Hochmittelalter beherrschte und die den Namen Scholastik trägt. In ihr ging es darum, Vernunft und Glauben in Übereinstimmung zu bringen, mit methodischen Mitteln, die vorwiegend in den Schriften des Aristoteles gesucht und gefunden wurden. Aristoteles wurde zu einer überaus wichtigen Autorität scholastischen Argumentierens, zugleich sorgten die ständigen Rückgriffe auf seine Philosophie dafür, dass das antike Denken lebendig blieb, womit sich eine natürliche Verbindung zur späteren Epoche der Renaissance ergab.

In offenbarem Gegensatz zur Scholastik steht die andere große Geistesströmung des europäischen Hochmittelalters, die Mystik.

Das griechische Wort *mystikós* bedeutet geheimnisvoll. Es geht um die metaphysische Dimension, die jeder Religion eignet, weswegen es mystische Strömungen in fast allen Religionen gibt. Die christliche Variante geht zurück auf frühe Autoritäten wie Origines und Augustinus von Hippo; durch die Mittel der Askese, der Kontemplation, durch Gebete, Gesänge und Bußübungen sollte eine Einswerdung mit Gott erreicht werden, die *unio mystica*. Auffällig ist der beträchtliche Anteil von Frauen unter den prominenten Mystikern, zu denen etwa Hildegard von Bingen gehörte.

Hildegard war eine kränkliche Person aus adligem Hause, trat schon als Achtjährige in ein Kloster ein und wurde später Äbtissin eines Nonnenklosters am Mittelrhein. Berühmt wurde sie durch ihre mystischen Visionen, die sie in einem weithin bekannten und vieldiskutierten Buch beschrieb. Daneben befasste sie sich intensiv mit Botanik und mit Musik, kümmerte sich um Heilkunde und Ernährung, außerdem war sie im Auftrag des Kaisers in politischen Missionen unterwegs, ein eindrucksvoller Beleg dafür, dass Mystik sich nicht allein in Gebet und Askese erschöpfen musste.

Was Hildegard seelisch motivierte, hat Barbara Beuys in einer lesenswerten Biographie der Mystikerin so beschrieben: «Weil sie als Frau stets Verstand und Scharfblick für sich in Anspruch nahm, konnte Hildegard von Bingen ohne Einschränkung verkünden, was die Beziehung zwischen Gott und den Menschen vor allem anderen prägte. Mönche aus Brabant hatten 1177 anfragen lassen, ob das Feuer in der Hölle ‹leibhaftig oder unkörperlich› sei. Die Neunundsiebzigjährige schob diese Frage in ihrem Antwortbrief souverän beiseite und sprach ungefragt direkt das an, was ihr wesentlich war: *In der geistgewirkten Schau meiner Seele sah und hörte ich folgende Worte: O Söhne der Liebe! Es führte mich der König in den Weinkeller ... Erquicket mich mit Blumen, labt mich mit Früchten. Denn ich bin krank vor Liebe.* Die Prophetin zitiert aus dem Hohenlied, das nach der Legende auf König Salomo zurückgeht. Kein Abschnitt der hebräischen Bibel ist im 12. Jahrhundert öfter kommentiert worden als das intime Zwiegespräch zwischen Braut und Bräutigam. Und Hildegard, die Theologin, fügt selbstverständlich ihre Interpretation an: *Das ist so zu verstehen ... Die Liebe ist ein nie verlöschendes Feuer.*»

DIE HAUPTSTADT DES MITTELALTERS

Paris war sehr groß, selbst nach heutigen Begriffen. Sie zählte bald mehr als 100 000 Einwohner, die freilich in zumeist bedrückendem Nebeneinander leben mussten, in engen Straßen und sehr schmalen Häusern mit spitzem Dach, von denen die meisten aus Holz oder Fachwerk bestanden, nur wenige hatten massives Mauerwerk.

Die Stadt war alt. Viele baugeschichtliche Erinnerungen gab es nicht mehr, auch kein nennenswertes historisches Bewusstsein bei den Menschen; allenfalls ein paar Gebildete hatten vage Kenntnis von dem uralten Kulturboden, den sie bewohnten. Paris existierte seit dem dritten vorchristlichen Jahrhundert, als der keltische Stamm der Parisier hier, im Becken der Seine, auf einer zentralen Insel eine Siedlung und ein Heiligtum unterhielt. Die Lage war günstig. Inmitten der morastigen Flussniederung gab es einen festen Grund, an dem sich verschiedene Land- und Wasserwege kreuzten.

Mit der Eroberung Galliens durch die Römer wurde Lutetia zum offiziellen Namen der nunmehr römischen Niederlassung, die sich auf die Seine-Insel beschränkte. Die Christianisierung erfolgte durch den aus Griechenland stammenden Missionar Dionysius, der um 250 auch Bischof von Lutetia wurde. Es folgten Frankeneroberung und normannische Beutezüge, im neunten Jahrhundert, nach dem Zerfall des Karolingerreiches, wurden die ursprünglich rechtsrheinischen Kapetinger zu Königen von Franzien bestimmt. Ihre Hauptstadt war Paris.

Vor den Mauern des mittelalterlichen Paris. Kalenderblatt der Brüder von Limburg. 15. Jh.

In den folgenden Jahrhunderten sollte sich die Stadt ausdehnen. Außer der Insel, nach wie vor Herzstück und Zentrum, gab es Ansiedlungen auf dem linken wie auf dem rechten Flussufer, Brücken verbanden Insel und Festland, zusätzlich zu den Fähren. Am rechten Ufer entstand ein zentraler Hafen, eine emsige Handelstätigkeit entwickelte sich, mit vielerlei Umschlagplätzen für Waren.

Das Paris des Hochmittelalters umgab sich, wie andere europäische Städte, mit einer Befestigungsmauer, gekrönt durch Türme. Die Gründung der Universität erfolgte durch den Zusammenschluss mehrerer zunächst unabhängiger Klosterschulen. Bald schon lernten hier um die 20 000 Studenten, die teilweise von weit her kamen, auch aus dem Ausland. Handwerke und Gewerbe waren wie anderswo in Zünften und Gilden organisiert. Die reichste und damit politisch mächtigste Schicht stellten die Kaufleute. Auch dies war in Paris nicht anders als in anderen mittelalterlichen Städten: Der Warenumschlag brachte höhere Gewinne als die Warenproduktion, besonders reich und mächtig wurden die Tuchhändler.

Paris war lebendig, bunt, abwechslungsreich und dreckig. Der Gestank war berüchtigt: Alle Abfälle und jeglicher Unrat landeten auf den Straßen, wo sie die Schweine durchwühlten und das noch Fressbare verschlangen. Die Brücken waren mit mehrstöckigen Häusern besetzt, ein im Mittelalter weithin übliches Verfahren, das man heute noch am florentinischen Ponte Vecchio und der Erfurter Krämerbrücke bestaunen kann. Bei Hochwasser wurden die ufernahen Reviere überschwemmt. Feuersbrünste suchten die Stadt wiederholt heim.

Die Unterschiede zwischen Arm und Reich waren gewaltig. Um sie etwas auszugleichen, wurden, dem Gebot der Barmherzigkeit folgend, Almosen an Bedürftige verteilt; vor allem an den Toren der Kirchen erfolgte, nach dem Gottesdienst, die aufdringlichste Bettelei. Die Schar der Armen in Paris war groß, und auch die Bettler hatten sich, wie die Kaufleute und die Handwerker, in Gilden organisiert. Um auf sich aufmerksam zu machen, wiesen manche besonders mitleiderregende Entstellungen vor; vieles davon war vorgetäuscht, andere verstümmelten aufgelesene Kinder, um sie solcherart in ihren Dienst zu nehmen.

Eine weitere Art, den Unterschied zwischen Arm und Reich auszugleichen, war das Verbrechen. Die Kriminalität in Paris war besonders hoch entwickelt, wobei sich auch hier die Organisation in Bandenform bewährte.

Die Märkte quollen über von Schaustellern und Gauklern, und neben den vielen Dieben bevölkerten Huren die Straßen, allein zwanzig Bordellmeilen durchliefen die Stadt, dazu kamen die öffentlichen Badestuben, wo man gleichfalls Liebesdienste kaufen konnte. Das Milieu der Ganoven und Ausgestoßenen sollte später in dem Dichter François Villon seinen grandiosen Rhapsoden finden, der es in seiner Ballade von den Gehenkten eindrucksvoll besingt:

Der Regen hat uns ausgelaugt und glattgespült,
die Sonne uns verwittert und brandschwarz gedörrt,
und Elstern, Krähen haben unsre Augen ausgewühlt,
uns Bart und Brauen kahl gerupft und ausgezerrt.
Und niemals sind wir ruhig, keinen Augenblick.
Bald da-, bald dorthin, vorwärts und zurück
wiegt uns der Wind in seinem wilden Wankelmut.
Zerpickt von Vögeln sind wir wie ein Fingerhut!
Drum macht euch nicht mit unsrer Brüderschaft gemein
und bittet Gott, er möge uns verzeihn.

STADT UND HANDEL

Paris war so etwas wie die Hauptstadt des europäischen Mittelalters. Vieles, was es in der Seine-Metropole an urbanen Abläufen gab, fand anderswo seine Entsprechung. Da eine der wichtigsten Funktionen einer mittelalterlichen Stadt der Warenumschlag war, kam es durch den Strom der Händler über alle landmannschaftlichen und politischen Grenzen hinweg zu einem regen Austausch zwischen den Städten, bei dem es neben dinglichen Gütern auch um die Übermittlung von Nachrichten und Erfahrungen ging. Dies mag erklären, wieso die wichtigen Städte des europäischen Mittelalters trotz unterschiedlicher zivilisatorischer Wurzeln so viele Ähnlichkeiten hervorbrachten, von Marseille bis Riga und von London bis Venedig und Krakau. Kulturell begründete Unterschiede gab es freilich immer. So wirkte es sich aus, ob eine Stadt über eine in die Antike zurückreichende Vergangenheit gebot, wie Paris, oder ob es sich um eine Neugründung handelte, von denen vor allem nach dem Jahr 1200 im Zuge der deutschen Ostkolonisation besonders viele entstanden. Die antike Herkunft, auch dies lehrt das Beispiel Paris, war für die weitere Stadtentwicklung förderlich. Man konnte auf bestehende Strukturen aufbauen, bestimmte Abläufe waren eingeübt und vertraut, selbst wenn man sich der römischen Ursprünge kaum mehr bewusst war oder kaum ein Beteiligter Interesse dafür aufbrachte, dieweil die baulichen Monumente zerfielen.

Römischen Ursprungs waren fast sämtliche bedeutsamen Städte des karolingischen und unmittelbar nachkarolingischen Zeitalters. Den Bevölkerungsreichtum von Paris erreichte keine andere. In Köln, der größten deutschen Stadt, lebten um das Jahr 1000 etwa 10 000 Menschen und im zwölften Jahrhundert wahrscheinlich doppelt so viele. Großstädte mit mehr als 25 000 Menschen waren Florenz, Genua, Mailand, Venedig, Padua, Bologna, Neapel und Palermo in Italien, Brügge, Gent, Brüssel, Leuven, Ypern, Tournai und Lüttich in Flandern.

Städte waren ein Indiz für den Fortschritt. Mit der Stadt und der ihr eigenen Zivilisation hebt sich das Hochmittelalter gegen die vorangegangenen Zeitalter ab. Dabei erweist sich die Abgrenzung der Stadt gegenüber anderen Siedlungsformen, voran dem Dorf, als nicht ganz problemlos. Es gab und gibt große Dörfer, so wie es kleine Städte gab und gibt. Die meisten mittelalterlichen Städte waren zu Verteidigungszwecken von Befestigungsmauern umgeben, doch galt dies längst nicht für alle Städte, wie es umgekehrt, wenn auch nur vereinzelt, befestigte Dörfer gab. Die Unterschiede zwischen Dorf und Stadt lassen sich nicht immer klar benennen, und doch gehören zur Stadt einige unverwechselbare Merkmale: die Autonomie in Rechtsdingen, das enge räumliche Beieinander, eine weitgehende Arbeitsteilung und berufliche Spezialisierung, die Vorherrschaft von Handel und Handwerk, wobei die Kaufmannschaft, eben da sie die größeren Reichtümer akkumulierte, stets die führende Sozialschicht stellte. Die Stadt konnte Bischofssitz sein. Sie konnte von einem oder mehreren Feudalherren gegründet und von diesen dominiert werden. Es gab Versuche von Städten, ihre Adelsherrschaft abzuschütteln, was manchen glückte, anderen nicht.

Wie konnte eine neue Stadt entstehen?

Ausgangs- und Mittelpunkt war immer der Markt. Das deutsche Wort leitet sich vom lateinischen *mercatus* ab, was Handelsplatz bedeutet. Der Markt ist seinem Ursprung zufolge ein Schnittpunkt von Handelsstraßen, an dem Kaufleute aufeinandertreffen, miteinander verhandeln und solche Treffen zu einer regelmäßigen Einrichtung erheben. Der Warenaustausch schloss Dritte ein, denn die zu kaufende Ware wurde ausgelegt und zahlenden Kunden angeboten.

Stände wurden errichtet, bald auch überdacht, um empfindliche Waren zu schützen, Textilien etwa. Das Markttreiben bedurfte der Ordnung und des Schutzes. Beides war gegeben durch eine eigene Rechtsordnung, den Marktfrieden. Voraussetzung dafür war das Privileg, überhaupt Markt abhalten zu können. Der Erfolg der Einrichtung hatte zur Folge, dass sie sich verstetigte und um den Markt Häuser entstanden, mit Möglichkeit zur Warenlagerung und mit Wohnungen für die Händler. Zum Schutz gegen räuberische Übergriffe entstand eine Fortifikation mit überwachten Zugängen. Wer sie passierte und ortsfremd war, musste ein Entgelt zahlen.

Im Handel kam es schon bald zu Spezialisierungen. Es bildeten sich eigene Märkte für bestimmte Produktgruppen wie Vieh, Getreide, Heu und Textilien. Auf dem Hauptmarkt stand eine Parochialkirche, meist nach der Gottesmutter Maria benannt.

Handelsmärkte schlossen sich gern an große Kirchenereignisse an, weil hier immer viel Volk zusammenlief. Der Name des kirchlichen Rituals übertrug sich auf das Handelsgeschehen: Messe. Er ist gebräuchlich bis heute. Große Messen des frühen Hochmittelalters gab es in der ostfranzösischen Champagne, in Troyes, Provins, Lagny, Bar; sie dauerten jeweils um die sechs Wochen und lösten einander zeitlich ab, sodass zwischen Mai und September eigentlich durchgehender Messebetrieb herrschte. Die Reihenfolge war vorgeschrieben: auf die Stoffmesse folgten Leder- und Pelzmesse, danach wurde mit nach Gewicht verkäuflichen Waren gehandelt, etwa Gewürzen.

Die Bezahlung erfolgte in Geld oder aber in Wechseln, den *lettres de foire*, die bei einer späteren Messe einzulösen waren. Ausgefertigt wurden sie vor Schöffen der Messestadt. Außer den Waren befanden sich Zerstreuungen und Lustbarkeiten im Angebot, durch Schausteller, Bänkelsänger, Flugblatthändler und Gaukler; der Markt ist auch ein Ursprungsort des Kunstbetriebs.

Die mittelalterliche Stadt als Ort für Handel und Handwerk schloss bäuerliche Tätigkeiten nicht aus. In vielen Städten lebten und wirtschafteten Ackerbürger, meist am Stadtrand, nahe der

Befestigungsmauer oder unmittelbar davor. Die gesamte städtische Versorgung mit Nahrungsgütern freilich konnten sie kaum bestreiten, da sie selbst zu wenige und die Verbraucher zu viele waren.

Die städtische Führungsschicht, das Patriziat, wurde üblicherweise durch die Kaufmannschaft gestellt. Die Handwerker blieben ausgeschlossen. Das Patriziat berief und stellte das wichtigste Organ der städtischen Selbstverwaltung, den Rat. Aus dem Kreis seiner Mitglieder berief er einen Vorsteher oder Bürgermeister. Die Ratstätigkeit fand in einem eigenen Gebäude statt. Umfang, Zusammensetzung, Name, Aufgaben und Zuständigkeiten der Räte waren unterschiedlich von Stadt zu Stadt und von Land zu Land.

Die einzelnen Berufsgruppen in mittelalterlichen Städten lebten zumeist nah beieinander. Außerdem waren ihre Gewerke durch berufsorganisatorische Zusammenschlüsse geordnet, die Gilden und Zünfte, die über die Zahl der Mitglieder bestimmten, über deren Qualifikation, über die Zulassung der Meister. Allein einem Meister war es gestattet, einen autonomen Betrieb zu führen.

Die Stadt besaß ihre juristische Selbständigkeit. Anders als auf dem Dorf sprach nicht mehr der Grundherr Recht. Für diese eigenständige Gerichtsbarkeit stand, unter anderem, das städtische Siegel. Zudem gab es Pranger und Schuldturm, Gefängnis, Galgenberg, Büttel und Henker.

Die Stadt zog Menschen vom Lande an, die hier zu freien Bürgern werden konnten. Der Grundsatz lautete: «Stadtluft macht frei.» Der komplementäre Grundsatz lautete: «Landluft macht eigen», das meint: leibeigen. Vereinzelt, wenn Arbeitskräftemangel herrschte, kauften Städte von Grundherren in der Nachbarschaft Hörige frei, so in Oberitalien. Klöster richteten sich innerhalb der städtischen Mauern ein.

Die Stadt erwies sich, verglichen mit dem Dorf, als sehr viel produktiver. Dabei lebten Städter nicht in jedem Falle besser. Der Siedlungsgrund war vorgegeben, vor allem durch die Mauer. Einzelgrundstücke fielen umso schmaler aus, je größer der Zuzug neuer Bewohner war. Schließlich gab es keine andere Möglichkeit mehr, als Vorstädte anzulegen, die irgendwann einbezogen wurden, worauf eine neue erweiterte Stadtmauer zu errichten war.

Das hochmittelalterliche Haus war zunächst eng und schmal; es haben sich gotische Bürgerhäuser erhalten, an denen die Dimensionen ablesbar sind. Gebaut wurde aus Holz und Lehm, von Wohlhabenden aus Stein. Auch im städtischen Haus drängten sich, wie in der Bauernkate, die Familienmitglieder, dazu kamen üblicherweise die unverheirateten Gesellen und die Lehrlinge. Die Wohnung diente oft zugleich als Werkstatt.

Für die Wasserversorgung gab es Gemeinschaftsbrunnen. Sie fingen das Regenwasser; vereinzelt, etwa in Oberitalien, existierten Aquädukte, die frisches Quellwasser in die Stadt leiteten. Gleichfalls in Oberitalien standen Häuser mit mehreren Räumen auf mehreren Stockwerken.

Die Stadt war als Lebensform nicht gänzlich unumstritten. Immer wieder wurde die Frage gestellt, ob sie Jerusalem sei oder Babylon, Ort von Erlösung und Seligkeit oder von Verderbnis und Untergang. Nun war auch Jerusalem jedenfalls eine Stadt, Pilger und Reisende gaben Zeugnis von ihr, und die zivilisatorische Überlegenheit gegenüber den vergleichsweise machtlosen Dörfern mit ihren unberechenbaren Feudalherren blieb offensichtlich.

Die Stadt ließ sich weder auslöschen noch ignorieren. Sie existierte fort und wuchs. Die Städte wurden zahlreicher.

Wie es dort zuging, schildert ein Kleriker, William Fitzstephan, aus London:

«Die in den einzelnen Gewerben Tätigen, die Warenverkäufer, die Lohnarbeiter, sie alle verteilen sich jeden Morgen je nach ihren Tätigkeiten auf verschiedene Stellen. Außerdem gibt es in London am Flussufer, dort wo auf Schiffen und in Weinkellern Weine zu kaufen sind, eine öffentliche Küche. Da kann man täglich je nach Jahreszeit Lebensmittel finden, ganze Gerichte, Gebratenes, Gebackenes, Geröstetes, Gesottenes, große und kleine Fische, zäheres Fleisch für die Armen, für die Reichen feineres von Wild und großen und kleinen Vögeln. Wenn reisemüde Freunde unerwartet einen Bürger besuchen und nicht hungrig warten wollen, bis neues Essen gekauft und gekocht ist und bis die Diener Wasser für die Hände und in Körbchen Brote reichen, dann läuft man eben schnell zum Ufer und hat da alles Begehrenswerte zur Hand.»

MORD IN DER KATHEDRALE

Thomas Becket war der Sohn eines wohlhabenden Kaufmanns und wurde 1118 in London geboren. Sein Vater war von normannischer Abstammung, wie fast alle Angehörigen der damaligen englischen Herrschaftsschicht.

Die Normannen sind identisch mit den Wikingern. Sie kamen aus Skandinavien und waren die letzten Germanenstämme, die an der Völkerwanderung teilnahmen. Auf seetüchtigen Schiffen befuhren sie die Ostsee, die Nordsee, den Atlantik, das Mittelmeer. Sie gelangten bis in das Gebiet der heutigen Ukraine, wo sie an der Gründung der Kiewer Rus teilhatten, der Keimzelle des russischen Staates. Sie kamen nach Süditalien und nahmen von der Insel Sizilien Besitz. Andere schipperten die Seine stromaufwärts bis Paris, wo sie ausgiebig plünderten. Im französischen Norden errichteten sie eine dauerhafte Herrschaft.

1066 überquerten nordfranzösische Normannen unter ihrem Herzog Wilhelm den Ärmelkanal, um die englische Insel zu er-

Tod des englischen Königs Harold 1066 in der Schlacht von Hastings gegen die Normannen.
Ausschnitt aus dem Teppich von Bayeux, Stickerei. Mitte 11. Jh.

obern. Das Heer des angelsächsischen Königs stellte sich ihnen entgegen und wurde in der Schlacht bei Hastings geschlagen. Herzog Wilhelm war von nun an der englische Machthaber.

Seine normannischen Gefolgsleute stellten die neue Adelsschicht im Land. Sie besetzten die wichtigen Verwaltungsämter, sie teilten Grund und Boden unter sich auf, sie bestimmten die Maßstäbe für Lebensart und Kultur; die vorher enge Bindung Angelsachsens an Dänemark ging verloren. Wilhelm oder William marschierte bis an die Grenzen des keltischen Schottland und schloss Abkommen mit dem dortigen König.

Sein Enkel hieß Heinrich Plantagenet. Der Beiname, abgeleitet von *planta genestra*, steht für das Symbol, das er und seine Nachkommen führten, die Ginsterpflanze. Er wurde in Westfrankreich geboren, in Anjou, wo sein Vater Herzog war. Mit elf Jahren betrat er das erste Mal britischen Boden. Durch seine Heirat würde ihm später noch das südwestfranzösische Aquitanien als Herrschaftsgebiet zufallen. Normannenherzog war er sowieso, und die französische Bretagne sollte er sich außerdem untertan machen. Kein anderer englischer König würde jemals wieder annähernd so viel europäischen Landbesitz kontrollieren, und die Jahrhunderte andauernden, meist kriegerisch ausgetragenen Ansprüche der englischen Krone auf Frankreich haben hier ihre Begründung.

Heinrich war ein erfolgreicher König. Er straffte die Zentralgewalt und ordnete das Gerichtswesen neu, die angelsächsische Rechtsprechung unserer Tage hat ihre Ursprünge in seiner Justizreform. Er führte das Doomsday Book weiter, Englands Grundbuch; entstanden war es, um die Landansprüche der normannischen Eroberer festzuschreiben. Deren häufig selbstherrliches Gebaren wurde von den unterlegenen Angelsachsen lange Zeit als Last empfunden, die Balladenzyklen um die legendäre Figur des Robin Hood, als eines angelsächsischen Kämpfers wider die Normannenwillkür, erzählt von dieser Situation.

Die Beziehung zwischen Heinrich Plantagenet und Thomas Becket begann 1155. Der Londoner Kaufmannssohn, in einem Kloster erzogen, hatte zuvor Rechtswissenschaften studiert, an den Universitäten Paris und Bologna, den damals führenden Hochschulen Westeuropas. Anschließend begab er sich in die Dienste des Erzbischofs von Canterbury, des Primas der englischen Kirche, auf dessen Empfehlung hin der König Becket zum Berater und Lordkanzler bestellte.

Es schien eine überaus glückliche Entscheidung. Der König und sein Regierungschef mochten einander, sie schlossen Freundschaft. Beide Männer dachten und empfanden ähnlich, und beide waren gleichermaßen den angenehmen Seiten des Lebens zugetan.

Dann starb der bisherige Erzbischof von Canterbury. Der König hielt es für angebracht, seinen Freund Thomas Becket für die Nachfolge vorzuschlagen; mögliche Konflikte zwischen Thron und Kirche, die es immer wieder gab, schienen damit von vornherein ausgeschlossen. In aller Eile widmete sich Becket den erforderlichen theologischen Exerzitien, empfing die Priesterweihe und wurde unmittelbar darauf zum Bischof geweiht. Er gab das Amt des Lordkanzlers auf, übrigens gegen den Willen Heinrichs. Er wollte sich fortan ausschließlich seinem geistlichen Amt widmen.

Aus dem lebenslustigen Mann wurde ein frommer, fast asketischer Priester. Er pilgerte nach Rom, um barfüßig vor den Papst zu treten. Die Meinungsverschiedenheiten zwischen Kirche und König blieben bestehen und würden sich in der Folgezeit verstärken. Becket wehrte sich vor allem gegen versuchte Eingriffe des Hofs in innerkirchliche Belange, die Kirche hatte ihre eigene Gerichtsbarkeit und bestand auf ihr, die Absicht, die Heinrich mit der Bestallung seines alten Freundes verfolgt hatte, begann sich in ihr Gegenteil zu verkehren.

Der Zwist verschärfte sich weiter. Becket floh schließlich nach Frankreich. Er bat den Papst, ihn von der Bischofspflicht in Canterbury zu entbinden, doch der Papst lehnte ab. Becket kehrte daraufhin nach England zurück.

Die Sache verlangte nach einer Lösung. Ende Dezember des Jahres 1170 zogen vier englische Edelleute nach Canterbury. Der Erzbischof hielt sich gerade in der Kathedrale auf, wo er die Vesper vorbereitete. Die vier Adligen betraten das Gotteshaus mit gezückten Schwertern. Becket wies sie mit scharfen Worten zurück. Die vier forderten ihn auf, zusammen mit ihnen vor die Kathedrale zu treten. Becket lehnte ab. Einer der Mönche, die gemeinsam mit Becket den Gottesdienst abhalten wollten, trat zwischen die Streitenden, in den erhobenen Händen ein Kruzifix. Er wurde niedergeschlagen. Danach begannen die vier, auf

Becket einzustechen. Der Erzbischof stürzte und verblutete auf den Stufen des Hochaltars.

Die Tat war ungeheuerlich und beispiellos, sie erschütterte ganz Europa. Es kann keinen Zweifel geben, dass die vier Täter meinten, im Sinne ihres Königs zu handeln. Kurz zuvor hatte Heinrich, als er erkrankt in seinem Bette lag, den Ausruf getan, ob man denn nicht endlich diesen Pfaffen beseitigen wolle. Als sich dann das Entsetzen über die Bluttat immer mehr ausbreitete und das königliche Ansehen nachdrücklich zu schädigen begann, tat er alles, um jegliche Mitschuld von sich zu weisen. Er unternahm einen Bußgang nach Canterbury, und als Becket drei Jahre später heiliggesprochen wurde, ernannte er den Toten zu seinem Schutzpatron. Der Ruch der Mitverantwortung blieb gleichwohl an ihm haften.

Das Geschehen in der Kathedrale von Canterbury hat wiederholt die schönen Künste zu Darstellungen inspiriert und schmückte mittelalterliche Evangelienbücher. Es diente als Vorlage von Erzähltexten, von Spielfilmen, von Theaterstücken. Einer der Autoren, der Franzose Jean Anouilh, lässt Heinrich sagen:

«Nun, Thomas Becket, bist du zufrieden? Ich knie nackt vor deinem Grab, und deine Mönche werden kommen und mich geißeln. Was für ein Ende unserer Geschichte! Du verfaulst in deinem Grab, durchlöchert von den Dolchstichen meiner Barone, und ich warte hier wie ein Schwachsinniger in der eisigen Kirchenluft … Glaubst du nicht, es wäre besser gewesen, wir hätten uns geeinigt?»

Auf dem Weg zur Ermordung des Thomas Becket.
Bildfenster in der Kathedrale von Canterbury. Um 1250.

DYNASTISCHE PRINZIPIEN

Die Spannungen zwischen zentraler und partikularer Herrschaftstendenz gehörten zu den Konstanten der europäischen Staatenentwicklung im Mittelalter. Sie blieben nicht die einzige Konstante. Daneben standen die Dauerkonflikte zwischen Wahl- und Erbmonarchie, zwischen weltlicher und kirchlicher Herrschaft, und es gab den Wettbewerb um die europäische Hegemonie. Die schuf sich ihre geschichtsphilosophische Begründung mit der möglichen oder erstrebten Wiederherstellung jenes Reiches, das einst Karl der Große regiert hatte und dessen Ausdruck der aus der römischen Antike übernommene Kaisertitel war.

Der Begriff *renovatio imperii Romanorum*, der hierfür stand, spielte auf das untergegangene römische Weltreich ebenso an wie auf das Imperium des Karolingers. Nun waren die beiden Gebiete nicht deckungsgleich, ein Großteil des römischen Territorialbesitzes war zudem die Domäne von Byzanz geworden. Auch dies war Teil der Renovationsidee: dass das Römische Reich gleichermaßen Herrschaftsgebiet des Christentums und damit das irdische Reich Jesu Christi sei.

Eine solche mehr als verschwommene, aus Geschichtserinnerung, Glaubenseifer und Machtegoismus gespeiste Idee hatte zwischen dem zehnten und dem dreizehnten Jahrhundert realpolitische Konsequenzen. Sie bestimmte die Italienansprüche und Italienfeldzüge der ostfränkisch-deutschen Herrscher bis hin zum letzten Stauferkaiser Friedrich II., mit dem sie endete. Zwar sollte der Kaisertitel weiterhin an Herrscher rechts des Rheins gebunden bleiben, doch der Machtanspruch, der ihm im frühen Hochmittelalter anhaftete, würde schwinden, das Amt mehr und mehr zur leeren Behauptung werden; allein das hohe gesellschaftliche Prestige blieb erhalten.

Die ideale Konstruktion der feudalistischen Herrschaftspyramide, mit dem Monarchen an der Spitze, der, gestützt auf den belehnten Hochadel, seine Geschäfte wahrnahm, wobei er bestimmte Zuständigkeiten an die unteren Schichten delegierte, wurde von der Realität nirgends vollkommen eingelöst. Der Idee des Lehens stand die durch Gewohnheitsrecht unterfütterte Praxis des Dauereigentums entgegen. Eroberungskriege schufen neue Fakten, alte Ansprüche kollidierten mit jüngeren, es gab einander widersprechende Rechtsvorstellungen.

Um klare Verhältnisse zu schaffen und Filz zu beseitigen, bedurfte es eines entschlossenen Willens und einer starken Hand. Manchmal gelangen mit einer Politik der pragmatischen Grausamkeit und Härte durchaus achtbare Resultate. Die Herrschaft König Heinrichs II. aus dem Hause Plantagenet ist ein Beispiel, ähnliche Persönlichkeiten waren etwa König Ludwig IX. von Frankreich und König Kasimir der Große von Polen.

Ihnen gemeinsam war auch, dass ihre Leistung zwar ihren Tod überdauerte, den späteren Zerfall und Niedergang aber nicht verhindern konnte, die mit fast naturgesetzlicher Gewissheit eintraten. Unruhen, Revolten und Kriege waren die Folge. Dabei konnte das ursprüngliche Herrschaftsterritorium beschnitten oder atomisiert werden, manchmal mit bleibenden Folgen. Das den gesamten skandinavischen Raum umfassende Reich der Königin Margarethe von Dänemark zerfiel wieder, die einzelnen Länder beanspruchten und erlangten ihre staatliche Autonomie.

Dänemark, wiewohl heute Kleinstaat, existiert immerhin noch. Andere Reiche verschwanden gänzlich, wie das im Spätmittelalter mächtige und glanzvolle Burgund. Die Ursachen für solchen Niedergang sind von Fall zu Fall verschieden, doch haben sie fast immer mit einer Schwächung der Zentralgewalt zu tun.

Königsherrschaft war entweder unter das Prinzip der Adelsdemokratie oder das der Erbfolge gestellt. Beide hatten ihre Tücken. Die feststehende Erbfolge, gewöhnlich verbunden mit dem Prinzip des Erbanspruchs durch den männlichen Erstgeborenen, brachte es immer wieder mit sich, dass ein ungeeigneter Anwärter die Herrschaft übernahm. Die Wahlmonarchie barg das Risiko, dass die kürenden Magnaten sich auf jenen Anwärter einigten, der ihre partikularen Interessen am wenigsten bedrohte und also politisch besonders schwach war. Alles in allem erwies sich die dynastische Erbfolge als erfolgreicher. Wie verheerend die intellektuellen und charakterlichen Vorgaben des Erben auch immer sein mochten, wenigstens bestand hier die Chance, den Anwärter auf sein künftiges Amt einzuüben, wobei die vom Vorgänger benutzte Administration strukturell wie personell erst einmal erhalten blieb.

Dabei ist die Wahlmonarchie, jedenfalls in Westeuropa, das ältere Verfahren. Die germanischen Stämme, zu denen die siegreichen Franken gehörten, kürten aus ihrer Mitte einen besonders geeigneten Führer. Das Erbfolgeprinzip hat sich erst während des Mittelalters etabliert, wobei Elemente der Wahlpraxis erhalten blieben. Im ostfränkisch-deutschen Raum ging der förmlichen Einsetzung eines neuen Königs eine Adelsversammlung voraus, die den König berief und ihm in bestimmten Riten zu huldigen hatte. Anschließend erhielt er die Insignien und wurde gesalbt, bekam also den göttlichen Segen, und war damit inthronisiert. Die deutschen Herrscher versuchten, die Erbfolge dadurch zu festigen, dass sie ihren designierten Nachfolger noch zu Lebzeiten bestimmten und durch die Adelsversammlung bestätigen ließen. Wenn er dann sein Amt antrat, mussten Wahl und Huldigung wiederholt werden. Das Verfahren hat die Existenz von Gegenkönigen und blutige Auseinandersetzungen nicht verhindern können. Die durch Kurfürsten exekutierte Wahlmonarchie blieb den Deutschen bei der Kaiserwahl erhalten, womit sich auch die zunehmende Schwächung dieses Amtes erklären lässt.

In England und Frankreich nahmen die Dinge einen anderen Verlauf. Zwar kam es auch hier, durch konkurrierende Ansprüche, durch innere Konflikte und durch Kriege, immer wieder zur Schwächung der monarchischen Macht. Doch der geschichtliche Erfolg Englands wie Frankreichs gründete auch darauf, dass in beiden Ländern schon früh eine feste geopolitische Mitte bestand, in Frankreich Paris, in England London. Deutschland hatte ein solches Machtzentrum lange Zeit nicht. Die deutsche Königsherrschaft fand ausschließlich im Pferdesattel statt.

Unmittelbar nach seiner Krönung begab sich der neue deutsche Herrscher auf eine erste ausgedehnte Reise, seinen Königsumritt. Er wollte alle seiner Krone unterstehenden Landschaften besuchen und sich dort huldigen lassen. Der Vorgang sollte sich bis zum Ende seiner Regierungszeit immer wiederholen und wurde lediglich im Kriegsfalle ausgesetzt.

Der König reiste nicht auf festgelegten Routen. Er begab sich mal hierhin, mal dorthin. Wichtig war, dass am Ende der jeweiligen Tagesreise eine Unterkunft für sein mehrere hundert Köpfe zählendes Gefolge bereitstand. Überall im Land existierten dafür königliche Pfalzen sowie kirchliche Residenzen in Bischofsstädten, wo der König einkehren und seinen Regierungsgeschäften nachgehen konnte, wo er Synoden abhielt und Gesandte empfing. Die Reiseherrschaft der deutschen Könige bot den Vorteil ständig wechselnder Gegenwärtigkeit. Der Nachteil bestand darin, dass die Zustände der zentralen Aufsicht überall dort zu entgleiten drohten, wo der Herrscher gerade nicht anwesend war. Das wirkte sich langfristig als schwerwiegendes Problem aus.

Die Erbfolge brachte eine Reihe von Herrscherdynastien hervor, die für ihre Länder teilweise sehr prägend wurden. Die Plantagenets in England bestimmten die Geschicke des Landes mehr als vierhundert Jahre. Frankreich wurde die erste Hälfte des Mittelalters von den Kapetingern, die zweite von den Valois regiert, Polen von den Piasten und Jagiellonen. In Deutschland hießen die Geschlechter Ottonen, Salier, Staufer, und erst mit den Habsburgern trat eine stabile, bis in die Neuzeit hinein regierende Dynastie die Thronfolge an.

Fast alle europäischen Herrscherhäuser hatten Konflikte mit der Kirche auszutragen. Die Salbung eines Monarchen und seine Ausstattung mit den Insignien erfolgte durch einen hohen Geistlichen; umgekehrt war die Investitur von Bischöfen und anderen herausgehobenen Klerikern, die stets auch über einen ausgedehnten weltlichen Besitz geboten, ein Vorgang, an dem der oberste weltliche Herrscher Interesse zeigte und an dem er beteiligt sein wollte.

Dies führte, wie dargetan, zu dem Konflikt zwischen Erzbischof Thomas Becket und König Heinrich II. von England. Das Beispiel Canossa beweist, wie das Investiturproblem selbst die

Beziehungen zwischen Rom und den deutschen Kaisern immer wieder belasten konnte. Durch den Sieg des Papsttums im Konflikt zwischen Heinrich IV. und Papst Gregor VII. war zugleich die Zeit der deutschen Ambitionen auf die politische Vormachtstellung in Europa dahin. Die beanspruchte nunmehr Frankreich. Ihr sichtbarster Ausdruck waren die französischen Päpste in Avignon mitsamt dem davon ausgelösten Schisma.

Es gab noch weitere Aspekte der Verschränkung von weltlicher und klerikaler Macht. Viele Könige hielten sich Kleriker als Kanzler oder politische Berater, die königliche Kanzlei war identisch mit der Hofkapelle, geistlicher und politischer Zuspruch erfolgten durch dieselben Personen. Urkunden wurden durch Kleriker aufgesetzt und ausgefertigt.

KÖNIGTUM

Königsherrschaft war teuer. Königliche Macht, das verlangte die Mitwelt, bedurfte der aufwendigen Selbstdarstellung, und die hatte ihren Preis. Er wurde bezahlt mit den Abgaben und Steuern, die der König einnahm, und mit den königlichen Dominien, deren Einkünfte unmittelbar an den Hof gingen.

Regieren bedeutet anordnen, entscheiden, ausgleichen, durchsetzen, kontrollieren. Alle Gewalt lag zunächst beim König. Er war gleichermaßen höchster Richter, höchster Gesetzgeber und höchster Exekutor. Eine Gewaltenteilung gab es nicht. Auf dem Weg von oben nach unten, wo die Partikularfürsten saßen und ihren eigenen Interessen nachgingen, konnte sich die Macht des Herrschers leicht verflüchtigen.

Der entschied allein, gestützt allenfalls auf seine Berater. Aus der Güte eines Ratschlags sollten sich Weisheit und Treffsicherheit einer Entscheidung ergeben. Wen sich der Herrscher für diesen Zweck aussuchte, lag allein bei ihm; was zählte oder doch zählen sollte, waren Intelligenz, Interessen und Bildung. Dies erklärt den hohen Anteil von Klerikalen bei den Beratern. Ebenso häufig gehörten zu den Beraterstäben enge Verwandte des Monarchen.

Im Mittelalter war man der Überzeugung, Familienbande schlössen gravierende Interessenunterschiede und -gegensätze aus, was freilich oft nicht zutraf. Mögliche Konflikte versuchten die Herrscher auszuschließen, indem sie ihre Mitarbeiter durch einen Treueschwur an sich banden. Einen solchen Eid zu brechen war riskant, da Strafen drohten, doch dies verhinderte nicht, dass es gleichwohl geschah, wenn die persönlichen Vorteile, die der Treuebruch einbrachte, schwerer wogen. Ein weiteres Mittel des Regenten, Mitarbeiter fest an sich zu binden, bestand in Zahlungen, Schenkungen, Rangerhöhungen, Besitztiteln. Oft funktionierte das, manchmal nicht. Der Herrscher konnte versuchen, mit entsprechenden Verwaltungsakten zu reagieren, und einen abtrünnigen Gefolgsmann absetzen. Meist half erst die bewaffnete Auseinandersetzung. In ihrem Verlauf wurden nicht selten hochrangige Gefangene gemacht und anstelle des treuebrüchigen Vasallen hingerichtet.

Im Jahr 1260 verfasste ein unbekannter norwegischer Autor einen Königsspiegel, eine im Dialog zwischen Vater und Sohn dargelegte Sammlung der Pflichten und Rechte eines mittelalterlichen Souveräns.

Der Sohn:

«Nun wird mir durch Eure Darlegung klar, was nach Eurer Ansicht die Pflicht des Königs ist: dass er nachdenkt über sein Reich und sein Volk; dass er zur Kirche geht und sein Gebet spricht. Ich verstehe auch, dass diese Tätigkeit so nützlich und notwendig ist, dass sie keinesfalls unterlassen werden darf. Deshalb will ich Euch nun bitten, dass Ihr mir weiterhin erklärt, was seine Pflicht den Tag über sein soll – entweder mit Falken auszureiten oder mit Hunden auf die Jagd zu gehen oder sonst ein Vergnügen vorzunehmen?»

Der Vater:

«Was diese Frage betrifft, so glaube ich allerdings, dass das Königtum eher eingesetzt und bestimmt ist zur Sorge für die Notwendigkeiten des ganzen Volkes und des Reiches als zu nichtigem Treiben und eitlem Vergnügen. Doch ist es dem König nicht verboten, sich gelegentlich ein Vergnügen zu gestatten. Seine pflichtmäßige Beschäftigung aber ist wirksame Sorge für vernünftige Lenkung des Reiches, für gute Entscheidung aller schweren Anliegen und für Notwendigkeiten aller Art, die ihm vorgetragen werden. Und das sollst Du bestimmt wissen, dass es ebenso Pflicht des Königs ist, täglich die Regel des heiligen Gesetzes zu hüten und die Gerechtigkeit der heiligen Urteile zu schützen, wie es Pflicht des Bischofs ist, die richtige Regel der heiligen Messe und des ganzen Gottesdienstes zu bewahren.»

Die Messlatte, die hier angelegt wird, ist sehr hoch. Die meisten mittelalterlichen Herrscher dürften sie gerissen haben, andernfalls hätte es solch ausführlicher Unterweisungen kaum bedurft.

Herrscher waren verheiratet. Regierungsbefugnis besaß eine Königin nicht, sie hatte ihrem Ehegemahl gehorsam zu sein, ihre wichtigste Aufgabe war das Gebären erbberechtigter Nachkommen. Nun gab es Fälle, da die Frau eines Herrschers nach dem Tod ihres Mannes aus dessen Schatten heraustreten konnte.

Die deutsche Geschichte kennt eine ganze Reihe von bravourösen Witwen, voran Theophanu, Frau Kaiser Ottos II., eine gebildete, polyglotte und welterfahrene Byzantinerin. Auch Margarethe I. von Dänemark, Norwegen und Schweden gehört in diese Reihe, ebenso Eleonore von Aquitanien, Erbtochter Wilhelms X., des Troubadours; sie war verheiratet erst mit König Ludwig VII.

von Frankreich, danach mit König Heinrich II. von England. Ihren Besitz, das Herzogtum Aquitanien, nahm sie in jede dieser Ehen mit.

SAKRALE BAUTEN

Die Zeit zwischen 800 und 1150 steht bauästhetisch im Zeichen der Romanik. Erhalten haben sich aus dieser Epoche neben Herrschaftsgebäuden vor allem christliche Gotteshäuser. Die europäische Kirchenarchitektur kennt zwei Grundformen: den Zentralbau und die Basilika. Beide existierten auch im Mittelalter nebeneinander, wobei die Basilika in Westeuropa den vorherrschenden Topos stellte, was sich später wieder, im Zeichen von Renaissance und Barock, ändern sollte.

Zentralbauten sind Baukörper mit gleich langen oder annähernd gleich langen Hauptachsen. Dem Grundriss von Kirchen liegt das völlig symmetrische, das sogenannte griechische Kreuz zugrunde, mit dem Sanktuarium in seinem Mittelpunkt; die Abdeckung erfolgt durch ein flaches Dach. Diese Gestalt haben bis heute die Kirchenbauten der griechischen Orthodoxie.

Statt des flachen Daches kann eine Kuppel aufgebracht werden. Sie mag vielerlei Gestalt annehmen, von flach über spitz bis zwiebelförmig, mitunter wird sie durch einen sogenannten Tambour zusätzlich erhöht – man denke an die Kirchen der russischen Orthodoxie.

Die Basilika ist ein Langhaus römisch-antiken Ursprungs. Ihr Zweck war zunächst säkular, üblicherweise diente sie der politischen Repräsentation. Von anderen rechteckigen Gebäuden unterscheidet sie sich durch eine Untergliederung in drei oder fünf Langschiffe, die mittels Pfeiler- oder Säulenreihen voneinander getrennt sind. Das Mittelschiff fällt breiter und höher aus als die Seitenschiffe. Häufig sind Arkaden über den Seitenschiffen, meist mit dahinter liegenden Fenstern als Lichtquelle. Erst gegen Ende des Mittelalters konnten sich die Seitenschiffe bis zur Höhe des Mittelschiffs erheben und mit ihm zu einer Hallenkirche verschmelzen.

Christliche Basiliken wurden seit dem vierten Jahrhundert errichtet. Bei ihnen findet sich bereits ein eingeschobenes Querschiff, sodass auch hier der Grundriss ein Kreuz ergibt, üblicherweise als römisches Kreuz bezeichnet. Es wiederholt in den Proportionen die Hinrichtungsstatt des Gekreuzigten, der als Kruzifix ein häufiger Kirchenschmuck ist. Mit jenem Grundriss wird die innere Gliederung vorgegeben: In der Ausbuchtung am östlichen Abschluss des Langschiffes, der Apsis, befindet sich der Altar, davor der Chor, vom übrigen Innenraum getrennt durch eine Schranke.

Die Zahl überkommener Sakralbauwerke im romanischen Stil ist recht groß. Gemeinsam ist ihnen allen das Bestreben ihrer Erbauer, die baukünstlerische Hinterlassenschaft der Antike, vor allem der römischen, für die eigene Gegenwart nutzbar zu machen. Das gelang verständlicherweise dort am besten, wo Zeugnisse der Antike noch vorhanden waren, also in Italien und anderen Kerngebieten des römischen Imperiums; auffällige Abweichungen von diesen Vorbildern finden sich vornehmlich in Gegenden, die weit von jenen Zentren entfernt liegen. Die für den normannisch-romanischen Stil charakteristische Wucht der Säulen, zu besichtigen etwa in der Kathedrale des nordenglischen Durham, hat wenig gemein mit den graziösen Lösungen, wie sie romanische Kirchen in Bari, Pisa, Florenz oder Rom zeigen.

Die große Zeit europäischer Romanik endete in der Mitte des zwölften Jahrhunderts. In Frankreich kam ein neuer Baustil auf, der später Gotik heißen würde; der Name stammte von dem italienischen Renaissance-Künstler und -Schriftsteller Giorgio Vasari und war eigentlich abwertend gemeint: Er wollte an die Go-

ten, Vernichter der römischen Antike, erinnern und damit den
Baustil als eine Form zivilisatorischer Barbarei diskreditieren.

Tatsächlich hat sich kaum ein Stil derart konsequent von der
Antikenrezeption abgewandt wie die Gotik, die ihrerseits einen
eigenen Formenkanon entwickelte. Das beherrschende Merkmal ist, jedenfalls in Zentraleuropa, eine konsequente und
mit der Weiterentwicklung der technologischen Möglichkeiten immer radikaler ausfallende Hinwendung zur Vertikalen.
Schlanke oder die Schlankheit simulierende Elemente bestimmen den Baukörper, der seinerseits gleichsam skelettiert erscheint.

Hohe farbige Fenster und große Rosetten schütten gedämpf-
tes Licht in die riesigen, in spitzbogige Gewölbe auslaufenden
Innenräume. Auch die gotischen Altäre und die sakralen Plas-
tiken vermitteln den Eindruck konsequenter Entmaterialisie-
rung und Vergeistigung. Die übersteigerten Haltungen der Figuren enden in Manierismen. Die Leiber unter den in vielfach
gebrochene Falten auslaufenden Gewändern scheinen kaum
mehr vorhanden. In den zeitgleichen intellektuellen Strömungen, es handelt sich um die Mystik, werden ähnliche Tendenzen
erkennbar.

Der erste gotische Sakralbau der Kunstgeschichte entstand in
Frankreich, es handelt sich um die Kirche von St.-Denis. Der Stil
breitete sich rasch in alle Himmelsrichtungen aus und durchlief
dabei, ähnlich der Romanik, allerlei Mutationen, die es zulassen,
von den Epochen einer Früh-, einer Hoch- und einer Spätgotik
zu sprechen. Die Baukörper geraten immer gewaltiger, ihre Ein-
zelelemente dabei immer filigraner bis hin zu den Netzgewölben
der späten Gotik. Auch regionale Besonderheiten bildeten sich
aus, sodass zwischen dem Mailänder Dom, der Kathedrale von
Chartres, der Krakauer Marienkirche, der Kathedrale von York
und dem Hieronymus-Kloster in Lissabon ebenso viele Gemeinsamkeiten wie Unterschiede bestehen. Alles beherrschen-

Gotischer Kirchenbau: Kathedrale Notre-Dame in Chartres.
Bauzeit 1194 bis 1260.

der Grundriss der gotischen Sakralbauten wird nunmehr die mehrschiffige Langkirche.

Die Architektur ist nur die sichtbarste ästhetische Leistung der Kirche in mittelalterlicher Zeit. Auch die Buchkunst ist ein weitgehend sakrales Geschäft. Skriptoren und Illustratoren waren Mönche. Sie hielten die alten Traditionen und Techniken lebendig und schufen neue. Ihr Medium war erst einmal die lateinische Sprache, deren allgemeine Verständlichkeit alle ethnischen Grenzen überwand. So wurden zwischen Madrid und St. Gallen geistliche Hymnen und Heiligenlegenden aufgesetzt, wurden die kanonischen Texte der frühmittelalterlichen Kirchenväter neu gelesen und kommentiert.

Bis sich weltliche Inhalte durchsetzten, was schon frühzeitig geschah. Anfangs waren auch sie in Latein verfasst, wobei die Tendenzen erkennbar didaktische oder aktualpolitische waren. Zu den bekannten Zeugnissen gehören die Kirchengeschichte des Angelsachsen Beda Venerabilis (7./8. Jahrhundert), die Biographie Karls des Großen, die der Mainfranke Einhart verfasste, und die früheste, in lateinische Verse gebrachte Dichtung über Reineke Fuchs.

Die wurde dann, als «Roman de Renart», zu einem Denkmal altfranzösischer Dichtkunst, und auch andere Länder begannen, sich neben dem unentwegt weiter wachsenden kirchenlateinischen Schrifttum mehr und mehr eine Literatur in den jeweiligen Volkssprachen zuzulegen. Die schriftsprachliche Erprobung war noch ungelenk, allein die Orthographie bereitete spürbare Mühen, und während die lateinische Literatur längst bei säkularen Stoffen angelangt war, verharrten die nationalsprachlichen Texte noch im Bereich der Religiosität, vielfach handelte es sich dabei um Übertragungen des Neuen Testaments oder einzelner seiner Teile. Bald freilich drängten auch hier säkulare Stoffe in den Vordergrund, es gab die Vagantendichtung, kecke bukolische Verse in Mittellatein, unter die sich manchmal volkssprachige Strophen mischten, und ab dem elften Jahrhundert übernahm die nationalsprachliche Belletristik dann die Führung. Noch immer waren viele Autoren kirchliches Personal, doch die Inhalte entstammten dem nichtkirchlichen Leben, woher dann zunehmend auch die Autoren stammten.

EUROPA ZUR MITTE DES 12. JAHRHUNDERTS

In Deutschland war mit den Staufern die dritte der hochmittelalterlichen Königsdynastien an der Macht. In Skandinavien begann sich das dänische Großreich aufzulösen. In England herrschte weiterhin Heinrich II. aus dem Haus Plantagenet. Er ging die Ehe ein mit Eleonore von Aquitanien. Die Herrschaft über das einstige Westfranken teilten sich weiterhin Engländer, Franzosen und Deutsche. Östlich der Oder hatten sich westslawische Stämme in einem einheitlichen Staat zusammengefunden. In Russland führten russische Teilfürsten erbitterten Krieg gegeneinander.

Auf der spanischen Halbinsel war das einheitliche Maurenreich auseinandergefallen. Vom Norden der Halbinsel betrieben christliche Fürsten die Rückeroberung. Völlig zersplittert in unabhängige Regionen war das italienische Kernland des einstigen Westrom. Eine konstante Größe blieb weiterhin das oströmische Byzanz.

BYZANZ

«Der Kaiser Alexios, mein Vater, war dem Römischen Reich zu großen Diensten, auch als er den Thron noch nicht bestiegen hatte. Er führte frühzeitig Feldzüge an, schon unter der Herrschaft des Kaisers Romanus Diogenes. Unter seinen Zeitgenossen tat er sich erkennbar hervor, denn er liebte die Gefahr.»

Mit solchen Sätzen beginnt das erste von insgesamt fünfzehn Büchern der «Alexiade», die das Leben des Kaisers Alexios I. Komnenos beschreibt. Verfasserin war dessen Tochter Anna, eine äußerst wortmächtige, geschichtskundige und auch in den Naturwissenschaften hochgebildete Frau. Dass sie die Biographie des Vaters nach Kräften schönte, hatte gleichermaßen mit Tochterliebe wie mit Zeitüblichkeit zu tun.

Das Römische Reich, von dem da die Rede ist, meint Byzanz. Dass es sich weiterhin in der direkten Nachfolge des Imperiums von Augustus, Tiberius und Vespasian sah, hatte schon insofern seine Berechtigung, als das ursprüngliche Rom solche Funktion nicht mehr wahrnahm, während man im Osten des Mittelmeerraums die alten römischen Kolonialterritorien weiterhin hielt und sich auch kulturell in die unmittelbare Tradition stellen konnte.

Die Grenzen des byzantinischen Territorialbesitzes veränderten sich freilich immerfort. Nordafrika, Ägypten und Teile der Levante gingen an die Muslime verloren. Das byzantinische Kerngebiet umfasste Westanatolien und den südlichen Balkan. Die erbittertsten Angriffe von außen erfolgten durch Slawen, Turkvölker und die Normannen. Besitztümer gingen verloren, wurden zurückerobert und gingen neuerlich verloren.

Das Heer spielte stets eine bedeutsame Rolle. Heerführer konnten, wie schon im klassischen Rom, zu Kaisern aufsteigen. Es gab Karrieren, die einen Stallburschen bis auf den Thron beförderten, wozu außer einer Menge Glück und Ehrgeiz auch ein gehöriges Maß an Skrupellosigkeit erforderlich war. Solche Biographien waren eine Besonderheit Ostroms. In Westeuropa, wo der soziale Status als vorgegeben, die Stellung des Einzelnen innerhalb der gesellschaftlichen Ordnung als gottgewollt galten, kannte man dergleichen nicht.

Was die byzantinischen Grausamkeiten anlangt, hat es einer der Herrscher zu besonders finsterem Ruhm gebracht: Basileios II., mit dem Beinamen Bulgaroktónos, was Bulgarenschlächter bedeutet. Er schlug einen Aufstand auf dem Balkan nieder, und anschließend ließ er fünfzehntausend Gefangene verstümmeln: Sie wurden geblendet. In Gruppen von je hundert Personen schickte er sie zum Zwecke der Abschreckung heim. Die Führung jeder Hundertschaft übernahm ein Mann, dem man für diesen Zweck ein sehendes Auge gelassen hatte.

Basileios Bulgaroktónos gehörte zur makedonischen Dynastie. Die byzantinische Kaiserherrschaft kannte das Prinzip der Erbfolge, was gewaltsame Unterbrechungen und Ablösungen nicht ausschloss; in dieser Hinsicht ging es hier nicht anders zu als in irgendeinem Lande Westeuropas. Zwischen dem frühen sechsten Jahrhundert und dem Hochmittelalter wurde Byzanz von insgesamt fünf Kaiserdynastien regiert, die recht unterschiedliche und unterschiedlich erfolgreiche Persönlichkeiten hervorbrachten. Die vorerst letzte, die der Dukas, endete im Jahre 1078. Auf sie folgten dann mit Alexios I. die Komnenen.

Zu den internen Erschütterungen, die Byzanz immer wieder erlebte und die auch einen personellen Wechsel in der Kaiserherrschaft bewirken konnten, gehörte etwa der Bilderstreit, der sich an einer zentralen Frage der christlich-orthodoxen Religionspraxis entzündete. Dort spielten die Ikonen eine erhebliche Rolle: streng stilisierte Heiligenbilder, die von den Gläubigen verehrt und angebetet wurden.

Eine durch das Kaiserhaus angeführte Bewegung sah darin einen Verstoß gegen das biblische Bildverbot. Sie forderte das Ende des Ikonenkults. Es kam zum Verbot und zu Zerstörungen. Der Kaiser, der dies förderte, Leo III., war gebürtiger Syrer, und es wird angenommen, dass die Radikalität, mit der er sich der Sache annahm, auch auf Einflüsse des von ihm hautnah erlebten Islam zurückgeht. Der Streit bekam eine außenpolitische Dimension, als sich zahlreiche Ketzerbewegungen jenseits der byzantinischen Grenzen in den Streit einmischten.

Die Bildverehrer oder Ikonodulen wurden verfolgt, was zu blutigen Ausschreitungen führte. Es gab kirchliche Konzile. Das erste verteidigte die Bildzerstörung, das zweite ließ Bilder wieder zu. Inzwischen waren fast hundert Jahre vergangen. Nunmehr wurden die Bildzerstörer verfolgt, denn die mächtigsten Ikonodulen gehörten zu einer einflussreichen christlichen Ketzersekte, deren Bewegung die Einheit des Reiches gefährdete.

Unruhen solcher Art können nicht darüber hinwegtäuschen, dass Byzanz in seinem Kernbestand eine hochentwickelte Zivilisation war und blieb. Es verfügte zunächst über eine ziemlich effiziente Verwaltung, beruhend auf der Einteilung in Militärdistrikte, die weitgehend dem antik-römischen Provinzialsystem entsprach. Die Distrikte waren ihrerseits untergliedert in Militärgüter, die ihre materiellen Grundlagen in einer auch durch Sklaven betriebenen Landwirtschaft fanden. Dies war die byzantinische Variante des Feudalismus.

Den Städten kam größere Bedeutung zu als in den meisten Regionen Westeuropas. Konstantinopel und Thessaloniki bildeten große urbane Agglomerationen, deren Reichtum sich außer durch den Warenverkehr mit dem Hinterland vor allem durch den Fernhandel ergab. Die wichtigsten Handelspartner waren die italienischen Hafenstädte Venedig und Genua, die ihrerseits durch diese kommerzielle Verbindung zu Macht und Reichtum gelangten. Mindestens für Venedig stellte Byzanz außerdem das kulturelle Vorbild, wie viele architektonische Eigenheiten der Stadt es bis heute bezeugen. Der Kuppelbau des Domes San Marco wiederholt das prächtigste Gotteshaus Konstantinopels, die Hagia Sophia, lange Zeit die größte Kirche in der gesamten Christenheit.

In alldem setzten sich antike Traditionen fort. Es gab öffentliche, vom Staat unterhaltene Schulen, und die Oberschicht schwelgte in einem Luxus, der den in Westeuropa verbreiteten Lebensstil bei weitem übertraf.

Byzantinischer Christus Pantocrator (i. e. Weltenrichter).
Mosaik im Dom von Monreale, Sizilien. 12. Jh.

Diesen Luxus erlebten auch Zeitgenossen aus Westeuropa. Die französische Historikerin Régine Pernoud erzählt von einem Besuch ausländischer Staatsgäste, die untergebracht wurden in einem weitläufigen Lustschloss des gastgebenden Kaisers – «drinnen versank der Fuß in kostbaren Teppichen, wohlriechende Düfte strömten aus silbernen Räucherpfannen, und ein Heer von beflissenen Dienern bemühte sich um die Gäste. Das Schloss war umgeben von großen Wäldern; darin lebten Tiere, die der Kaiser mit großen Kosten von weit her kommen ließ.»

Es gab ein üppiges Festmahl, das mehrere Stunden dauerte und aus vielen Gängen bestand. Die Gäste «lernten dabei ganz neue und raffinierte Gerichte kennen: Artischocken, auf silbernen Schüsseln serviert, gefüllte Lammrücken, gebackene Froschschenkel und vor allem Kaviar, der an der kaiserlichen Tafel in reichlichen Mengen genossen wurde. Griechischen Wein trank man aus hauchdünnen, farbigen Kristallgläsern, und Saucen, die mit Karneel und Koriander gewürzt waren, standen in goldgetriebenen Schüsseln auf den Tischen. Zum Essen bediente man sich zweizinkiger Gabeln, die damals im Abendland noch unbekannt waren. Der Fußboden war mit Rosenblättern bestreut, und hinter einem Vorhang spielte ein Orchester sanfte Musik.»

Diese Schilderung macht deutlich, dass sich antike mit späteren orientalischen Gewohnheiten märchenhaft mischten. Es war kein irgend abstraktes Ziel, das die Aspiranten auf die byzantinische Kaiserkrone anstrebten.

Alexios Komnenos gelangte durch einen Militärputsch auf den Thron. Mit dem vorigen Kaiser Nikephoros hatte er sich entzweit und war vor dessen Nachstellungen zu seinen Truppen geflohen, die ihn zum neuen Kaiser ausriefen. An ihrer Spitze marschierte Alexios nach Konstantinopel, stürmte und besetzte die Stadt und setzte Nikephoros ab. Der christliche Patriarch krönte ihn. Durch die Heirat mit einer Tochter aus der vorangegangenen Kaisersippe verschaffte er sich eine zusätzliche Legitimation. Mit dem Turkvolk der Seldschuken, die das Reich bedrängten, schloss er Frieden, um alle Aufmerksamkeit den Normannen zu widmen, die von Sizilien und Apulien aus – vormals in byzantinischem Besitz – in sein Reich eingefallen waren.

Es kam zu mehreren Schlachten. In der ersten wurde Byzanz geschlagen, bei der letzten und entscheidenden gelang es Alexios, das normannische Heer fast völlig zu vernichten. In einem weiteren Krieg schlug er die Petschenegen, ein Turkvolk, das ihm im Norden des Reiches zu schaffen machte, die Gefangenen ließ er allesamt hinmetzeln. Auch den Aufstand eines seiner Söldnerführer schlug er blutig nieder.

Alexios brachte Ordnung in die Verwaltung, kümmerte sich um das Finanzwesen, begünstigte die Kirche und verfolgte Ketzer. Er war der erste erfolgreiche Kaiser in Konstantinopel nach einer längeren Periode der Unsicherheit und Zerrüttung.

Seine Tochter Anna beschreibt ihn als nicht sehr groß gewachsen, jedoch stämmig. Er habe einen Bart von angemessener Länge getragen. Seine Arme seien muskulös gewesen, der Blick seiner Augen suggestiv. Er habe eine natürliche Majestät ausgestrahlt, eindrucksvoll für jeden Besucher. Anna nennt ihn «unvergleichlich».

Gleichwohl ist ihre Lebensbeschreibung das Dokument einer politischen Niederlage. Alexios hatte seinen Sohn Johannes für die Nachfolge vorgesehen, doch dessen ehrgeizige Schwester verfolgte andere Pläne. Als der Vater auf dem Sterbebett lag, versuchte sie, mit Hilfe ihrer Mutter, ihren eigenen Ehemann Nikephoros zum nächsten Kaiser zu machen, Johannes sollte enterbt werden. Der Plan schlug fehl. Johannes trat die Erbfolge an, doch Anna hielt an ihrem Vorhaben fest und organisierte eine Verschwörung. Die wurde rechtzeitig aufgedeckt und Anna gezwungen, in ein Kloster einzutreten. Dort begann sie mit der Arbeit an der Biographie des Vaters. Sie zählt zu den wichtigsten und ausführlichsten historiographischen Dokumenten aus jener Zeit und aus jenem Milieu. Nikephoros, Annas Ehemann, war bei der Niederschrift behilflich.

Alexios Komnenos hatte insgesamt 28 Jahre regiert. An seinem Krankenbett, erzählt die Tochter, hätten sich Ärzte um die richtige Behandlung gezankt, die Symptome, die sie nennt, deuten auf eine Lungenentzündung hin.

Der Kaiser, vielleicht die folgenreichste seiner Handlungen, hatte sich zuvor noch an den römischen Papst und an wichtige Fürsten Westeuropas gewandt, da die Stadt Jerusalem, in der Jesus Christus den Kreuzestod erlitten hatte, von Muslimen erobert worden war. Alexios wollte die Okkupanten vertreiben und suchte dafür militärischen Beistand.

DIE ERSTEN KREUZZÜGE

Odo von Chatillon oder Eudes de Châtillon war der Abkömmling eines französischen Adelsgeschlechts. Er nahm eine geistliche Laufbahn und war Kardinalbischof im italienischen Ostia, ehe er im Jahr 1088 zum Papst gewählt wurde. Fortan trug er als zweiter Pontifex maximus den Namen Urban.

Er wird beschrieben als ein kräftiger kahlköpfiger Mann mit sehr langem Bart. Er war erfahren in Dingen der Politik, hatte vor seiner Papstwahl etliche diplomatische Missionen durchgeführt und galt als besonnener Mensch. So bemühte er sich, das zu jener Zeit höchst gespannte Verhältnis zwischen der katholischen Kirche und Ostrom zu verbessern. In Clemens II. hatte er einen einflussreichen Gegenpapst, dem gegenüber er sich profilieren musste.

Im November des Jahres 1095 fand im französischen Clermont, Hauptstadt der Auvergne, eine kirchliche Synode statt, die das päpstliche Schisma beenden sollte. Kurz zuvor hatte Urban jener Hilferuf des byzantinischen Kaisers Alexios erreicht, der um Unterstützung bei der Abwehr der muslimischen Seldschuken ersuchte. Urban nahm dies zum Anlass, seine eigene Stellung zu stärken und Clemens zu deklassieren. Er hielt eine Ansprache. Die Zuhörerschaft war riesig. Die Kathedrale von Clermont, bisheriger Tagungsort der Synode, erwies sich als zu klein. Man zog vor die Stadttore auf freies Feld. Urbans Rede dort geriet überaus dramatisch und eindrucksvoll.

Er sprach von den Leiden der Christenheit im Nahen Osten, von ihrer Misshandlung durch Andersgläubige. Er forderte dazu auf, die von Muslimen besetzte heilige Stadt Jerusalem zu befreien. Er rief:

«Wehe uns, wenn wir leben und solchem Unheil nicht steuern; besser ist sterben als der Brüder Untergang länger dulden! Jeder verleugne sich selbst und nehme Christi Kreuz auf sich, damit er Christum gewinne. Keiner fürchte Gefahr, denn wer für den Herrn streitet, dem sind die Kräfte der Feinde untertan; keiner fürchte Mangel und Not, denn wer den Herrn gewinnt, ist überall reich! Des apostolischen Stuhles Fluch soll jeden treffen, der sich unterfängt, das heiligste Unternehmen zu hindern, sein Beistand dagegen im Namen des Herrn eure Bahn ebnen und euch geleiten auf allen Wegen!»

Unmittelbar nach Ende der Ansprache kniete einer der anwesenden Bischöfe nieder und bat lautstark darum, als Erster dem Aufruf Folge leisten zu dürfen. Seinem Beispiel schlossen sich sofort andere an. Der Auftritt des Bischofs war vorher mit Urban in allen Einzelheiten vereinbart worden.

Damit begannen die Kreuzzüge, in denen sich die alte christkatholische Praxis der Wallfahrt wiederfand, freilich nunmehr aufgeladen mit imperialen Ansprüchen.

Der Historiker Ferdinand Seibt dazu:

«Aus der Kreuzzugsbegeisterung wuchs ein neues Gemein-
samkeitsbewusstsein im christlichen Abendland. Im besonderen
dem ritterlichen Lebensideal zugedacht, knüpfte der Kreuzzugs-
gedanke mit übergreifender Kraft Gemeinsamkeiten zwischen
dem einfachen, im Herrendienst aufgestiegenen Kriegertum und
den Hocharistokraten mit jahrhundertealter Familientradition;
er verband Könige und die Geringsten unter ihren waffenfähigen Untertanen im Zeichen des Kreuzes, nach den gemeinsamen Erlebnissen der langen Kreuzzüge und nach den Definitio-
nen des Kirchenrechts.»

Solche egalitären Tendenzen wurden durch eine Reihe von
Maßnahmen begünstigt.

Ein Kreuzfahrer kam, nachdem er sein Gelübde abgelegt hatte,
von allen seinen Schulden frei. Auch andere Verpflichtungen
wurden ihm erlassen, für immer oder für die Zeit des Kreuzzugs.
Dies eröffnete neue Freiräume. Vor allem gab es die Chance, ein
Ziel zu erreichen, das der Kirche eigentlich suspekt war und das
sie lieber unterdrückt hätte, das freilich mit dem Aufbruch nach
Jerusalem unweigerlich verbunden war: die *avantuire*, das ritter-
liche Abenteuer.

Die Kreuzzugspropaganda wurde, wie schon in Clermont,
von Klerikern betrieben. Sie sprachen in Kirchen, zudem gab es
wandernde Prediger. Die meisten sind heute vergessen, die pro-
minente Ausnahme stellt der Eremit Peter von Amiens. Bereits
vor dem Ersten Kreuzzug hatte er eine Jerusalemfahrt unternommen, bei der er von Seldschuken gefangen genommen und
schwer misshandelt worden war. Fortan verfolgte er alle Anders-
gläubigen mit seinem Hass, darunter nicht zuletzt die Juden.

Seine demagogische Begabung war außerordentlich: Er konnte
riesige Menschenmassen versammeln und rhetorisch mitreißen.
An der Spitze eines Zuges fanatisierter Anhänger, überwiegend
Besitzloser, begann er 1096 seine Fahrt ins Heilige Land. Er begann sie, indem er die Juden von Rouen, Köln, Mainz, Worms,

Speyer, Trier und Prag ausplündern und niedermachen ließ. Peter von Amiens steht für das erste große Judenpogrom der Mittelaltergeschichte.

Der Erste Kreuzzug fällt in das Jahr 1096. Die Teilnehmer kamen vornehmlich aus Frankreich, Lothringen und der Normandie. Der Feldzug führte zunächst nach Konstantinopel, Anatolien wurde erobert und schließlich, im Juli 1099, die heilige Stadt Jerusalem. Das alles lief überaus blutig ab. Die eroberten Gebiete waren christlicher Oberhoheit unterstellt. Es bildeten sich zahlreiche christliche Herrschaften an der Levante. Der Kreuzzug war rundum erfolgreich; jene Teilnehmer, die sich nicht im Heiligen Land niederließen, kehrten erhobenen Hauptes in ihre Heimat zurück.

Eine Gruppe von teilnehmenden Rittern hatte sich auf der Straße von Jaffa nach Jerusalem niedergelassen, jenem Ort, wo sich, so die Überlieferung, einst der Tempel des biblischen Salomo befunden hatte. Sie übernahmen den militärischen Schutz christlicher Pilger und widmeten sich später zusätzlich der Krankenpflege. Schließlich schufen sie sich eine eigene geistliche Organisation, den Templerorden, benannt nach dem Ort seiner Gründung. Er wurde das Modell für weitere Rittervereinigungen; eine von ihnen, der Deutschritterorden, sollte später ihren Hauptsitz von Venedig auf die Marienburg in Pommerellen verlegen, um dort ihr kolonialistisches Regime zu errichten. Die vom Deutschritterorden beherrschte slawische Bevölkerung empfand tiefen Hass gegenüber diesen Machthabern.

Der Zweite Kreuzzug begann 1147, nachdem Seldschuken den christlichen Kreuzfahrerstaat Edessa in Syrien erobert hatten. An ihm nahm neben dem französischen und dem sizilianischen Herrscher auch der deutsche Stauferkönig Konrad teil. Diesmal wurden die angestrebten Ziele verfehlt.

Auch die späteren Kreuzzüge, insgesamt gab es bis zum Jahr 1272 deren sieben, brachten kaum nennenswerte Erfolge.

Stattdessen festigte und erweiterte sich die muslimische Oberhoheit über das Heilige Land. Nicht allein die antijüdischen
Ausschreitungen unter Peter von Amiens pervertierten das Vorhaben, ein Gleiches bewirkte der Kinderkreuzzug von 1212, bei
dem schätzungsweise 50000 Minderjährige aus Frankreich und
vom Niederrhein nach Jerusalem aufbrachen. Keiner von ihnen
langte jemals an. Viele starben beim Zug über die Alpen. Andere,
so heißt es, wurden in die Sklaverei verkauft.

Welche zivilisatorische Attraktion die Aufbrüche ins Heilige
Land, aller Beschwer und allen Misserfolgen zum Trotz, für die
Beteiligten darstellten, schildert Régine Pernoud am Beispiel der
missglückten Unternehmung von 1148 in Antiochia:

«Lärmende Freude erfüllte den kleinen Hafen von Saint-
Siméon. Zahlreiche Barken umtanzten die Schiffe der königlichen Flotte, während sich am Ufer eine Prozession von Priestern
in weißen Chorhemden einen Weg durch die fröhliche Menge
bahnte und alle Kirchenglocken läuteten. Beim Klange des Te-
deum gingen der König und die Königin von Frankreich an
Land und wurden von einer großen Schar von Rittern mit Jubel-
rufen und überschwänglicher Begeisterung begrüßt.

Es war der 18. März 1148; seit zehn Monaten waren sie unter-
wegs. Antiochia war für sie und ihre Gefährten wie ein Hafen des
Friedens. Die prächtige, fest gebaute Stadt, die sich auf sanften
Hängen dem Meer zuneigt, mit den Höhen von Djebel Akkra im
Hintergrund, wirkte in ihrem frischen Grün wie eine Oase. Der
Fluss Orontes bringt ihr durch eine enge Schlucht, die am Fuß
der Burg mündet, die kühle Bergluft und das Schmelzwasser des
Schnees. Terrassenförmige Gärten ziehen sich bis zu den hoch-
gelegenen Stadtteilen hinauf.»

SALADIN UND LÖWENHERZ

Ja wohl: das Blut, das Blut allein
Macht lange noch den Vater nicht! macht kaum
Den Vater eines Tieres! gibt zum höchsten
Das erste Recht, sich diesen Namen zu
Erwerben!

Diese Verse stehen in Gotthold Ephraim Lessings dramatischem Gedicht «Nathan der Weise». Es entstand 1779, im Zeitalter der Aufklärung, und die zitierten Sätze sind gute aufklärerische Überzeugung. Das Stück selbst spielt im zwölften Jahrhundert, zur Zeit der Kreuzzüge, der Ort ist Jerusalem, wo damals, überwiegend unfriedlich, drei Religionsgemeinschaften nebeneinander existierten: Judentum, Christentum und Islam. Lessings Stück versucht, sie miteinander zu versöhnen, indem es ihre Gleichartigkeit behauptet.

Die Verse spricht, als eine der Hauptpersonen, der muslimische Herrscher Saladin, der nächst dem Titelhelden Nathan (und von diesem beeinflusst) das größte Verständnis an den Tag legt. Im Unterschied zu seinen übrigen Figuren bemüht Lessing hier eine historische Gestalt. Saladin, mit vollem Namen Salah-ad-Din Yusuf bin Ayyub, ist neben Harun-al Raschid jener mittelalterliche Moslem, der es in Europa zu einiger Prominenz brachte, und dies nicht nur vermittels Lessings Stück.

Die kurdische Völkerschaft, der er entstammte, hat ihr Siedlungsgebiet in den heutigen Grenzregionen von Türkei, Irak und Iran. Saladin wurde um das Jahr 1138 in Tikrit geboren. Wie sein Vater war er ein tüchtiger Heerführer. Bereits im Alter von vierzehn Jahren begann er seine militärische Laufbahn im Dienst eines syrischen Fürsten und nahm an drei Feldzügen teil, um muslimisches Territorium gegen Angriffe der Kreuzritter zu verteidigen. Saladin wurde Befehlshaber der syrischen Armee und stieg auf zum höchsten Amt in der Regierung eines Sultans: Er wurde Wesir. Als sein alter Dienstherr in Damaskus starb, übernahm Saladin dessen Herrschaftsansprüche und sein Herrschaftsgebiet.

Stachel im Fleisch der muslimischen Welt war das christliche Königreich Jerusalem. Es existierte seit dem Ersten Kreuzzug, hatte freilich inzwischen einiges an Ausdehnung eingebüßt. Der Zweite Kreuzzug sollte dies ändern, konnte aber wenig ausrichten. Immerhin, das Königreich bestand weiter und behielt sein Zentrum in der heiligen Stadt Jerusalem.

Saladin begann, mit seinen Truppen das christliche Königreich anzugreifen. Er besetzte die wichtige Hafenstadt Akko. Schließlich eroberte er Jerusalem.

Dies war für das abendländische Europa das Signal, den Dritten Kreuzzug auszurufen. Einer der Anführer war ein englischer König, Richard I., genannt Löwenherz, auch er eine bis heute populäre Figur.

Er war ein Sohn von Heinrich II., dem der Mord an Thomas Becket anhing. Richard wurde zwar in Oxford geboren, hielt sich aber meist in Aquitanien auf, das ihm, als er elf Jahre zählte, von seiner Mutter Eleonore übereignet worden war. Von Frankreich aus wagte er später eine Rebellion gegen den Vater, die Heinrich niederschlagen konnte. Da seine beiden älteren Brüder früh starben, wurde Richard nach dem Tod des Vaters englischer König. Mit seinen ausgedehnten Besitzungen zu beiden Seiten des Ärmelkanals war er mächtigster Herrscher Europas nach dem deutschen Stauferkaiser Friedrich Barbarossa.

Er war ein ungewöhnlich hochgewachsener Mann. Allein dies bescherte ihm viel Respekt. Dazu kamen seine Ausstrahlung und seine Intelligenz: Löwenherz verstand Latein, und er soll auch sonst ziemlich gebildet gewesen sein. Englisch hingegen sprach er wahrscheinlich gar nicht. Während seines gesamten Lebens brachte er gerade einmal zehn Monate in England zu. Löwenherz war ein gefürchteter Haudrauf und hatte das zweifelhafte Talent, sich schnell und gründlich mit anderen zu überwerfen. Von Diplomatie hielt er offenbar wenig.

Gemeinsam mit Barbarossa nahm er am Dritten Kreuzzug teil. Der Kaiser kam dabei ums Leben, unter einigermaßen unheldischen Umständen: Er ertrank beim Baden in einem anatolischen Fluss. Neben Richard und Barbarossa nahmen noch andere Monarchen an diesem Kreuzzug teil, darunter der amtierende König von Frankreich, Philipp August, dessen Vater Ludwig erster Mann von Richards Mutter Eleonore gewesen war. (Philipp August hatte Ludwigs zweite Frau zur Mutter.)

Die beiden beinahe Verwandten, die sich gegenseitig gründlich misstrauten, führten jene Kreuzfahrer an, die auf Schiffen über das Mittelmeer nach Palästina gelangen wollten; Friedrich Barbarossas Heer nahm stattdessen den Landweg über den Balkan und Kleinasien. Richards Flotte segelte von Sizilien nach Zypern. Der englische König eroberte die Insel. Zyperns Staatsschatz und Steuereinnahmen taten ihm gut. Die Insel diente ihm bei den folgenden Militäraktionen als nützliche Nachschubbasis.

Er zog vor die von Saladin gehaltene Hafenstadt Akko und belagerte sie. Seine Kreuzfahrer unterminierten die Mauern bis unmittelbar vor dem Einsturz, außerdem gruben sie Akkos Wasserversorgung ab. Saladin musste hinnehmen, dass die Stadt sich ergab. Für ihre Bewohner handelte er, damit keine Repressalien erfolgten, ein Lösegeld aus. Richard ließ die Stadt besetzen. Dann zerstritt er sich erst einmal mit einem seiner Verbündeten, Herzog Leopold von Österreich; es ging um die Nutzung einer Burg, was eine eher symbolische Sache war, doch Symbole wogen schwer in jener Zeit. Tief gekränkt zog sich Leopold samt militärischem Gefolge aus Palästina zurück.

Auch der französische König begab sich vorzeitig nach Hause.

Er wollte heimische Erbschaftsangelegenheiten regeln, die ihm wichtiger waren als der Kampf gegen den Islam. Als letzter hochrangiger Anführer blieb damit Richard im Heiligen Land. Seine Ritter bewachten auch weiterhin die in Akko gefangenen Muslime, denn das vereinbarte Lösegeld traf nicht ein. Hatte Saladin die Vereinbarung gebrochen oder vergessen? Man wusste es nicht. Richard befahl, 2700 Gefangene zu enthaupten.

Als Reaktion auf dieses Blutbad machte Sultan Saladin gegen Richard mobil. Es kam zu mehreren blutigen Aufeinandertreffen, die Richard für sich entschied. Seine strategische Überlegenheit war offensichtlich, doch ebenso offensichtlich waren die politischen Probleme, die er in seiner Heimat hatte. Sein jüngerer Bruder Johann nutzte die Abwesenheit des Königs, den englischen Thron für sich selbst zu beanspruchen. König Philipp August von Frankreich ergriff derweil die günstige Gelegenheit, nach Aquitanien zu greifen. Es wurde hohe Zeit für Löwenherz, nach Europa zurückzukehren. Er ging mit Saladin einen Waffenstillstand ein, Jerusalem blieb islamischer Besitz, doch christliche Pilger hatten die Möglichkeit, die heiligen Stätten ihrer Religion ungehindert aufzusuchen.

Richard nahm wieder den Seeweg über das Mittelmeer. Er landete in Istrien, zog weiter über Kärnten in Richtung Wien. Sein alter Widersacher, der österreichische Herzog Leopold, ließ ihn aufspüren und festnehmen. Richard Löwenherz wurde Gefangener in Dürnstein an der Donau.

Damit er freikam, musste ein gewaltiges Lösegeld entrichtet werden: 23 Tonnen Silber; der Wert entsprach dem doppelten Jahreseinkommen der englischen Krone. Bruder Johann sah sich nicht imstande, das Edelmetall aufzubringen; es war dann Richards Mutter Eleonore, die sich darum kümmerte. Sie verkaufte Ländereien, Schmuckstücke und wertvolle Gegenstände, bis sie die Summe beisammenhatte.

Die Zahlung erfolgte, und Richard kam frei. Herzog Leopold

verwendete den Schatz, um eine eigene österreichische Münze zu schaffen. Richard reiste durch Deutschland, knüpfte etliche Kontakte zu dortigen Fürsten und kehrte schließlich nach England zurück. Mit seinem Bruder Johann fand er einen Ausgleich. Darauf begab er sich nach Frankreich, um sich Aquitanien zurückzuholen. Bei der Belagerung einer Burg traf ihn ein Armbrustbolzen. Die Wunde entzündete sich rasch, und wenige Tage später verschied Richard Löwenherz, 41 Jahre alt, in den Armen seiner Mutter Eleonore.

Sein Gegner in Jerusalem, Sultan Saladin, war schon vorher gestorben. Was er mit Richard gemeinsam hatte, war eine gewisse kriegerische Fortüne, die beiden sollen einander auch respektiert haben, doch anders als Richard hatte Saladin seine christlichen Gefangenen nicht abschlachten lassen, vielmehr durften sie sich freikaufen, sofern sie vermögend waren, während die ärmeren Gefangenen als Sklaven auf den Markt gebracht werden sollten. Saladins Bruder, offenbar eine mitleidige Seele, ließ sich tausend dieser Sklaven schenken und gab ihnen die Freiheit. Da wollte auch Saladin sich großzügig zeigen. Er entließ alle Alten, Männer wie Frauen, aus der Sklaverei; es ist anzunehmen, dass sie ohnehin nur wenig Erlös gebracht hätten. Vermutlich hat diese Tat Saladins Ruf begründet, ein besonders großzügiger Herrscher zu sein.

Sultan Salah-ad-Din Yusuf bin Ayyub hinterließ 17 Söhne. Sein Mausoleum steht in Damaskus, in unmittelbarer Nähe einer Moschee.

Richards Grab befindet sich an der unteren Loire, in der Abtei Fontvrault, wo sich auch andere Plantagenets beisetzen ließen. Der steinerne Sarkophag ist bemalt. Die Richard-Figur auf dem Deckel trägt eine Krone, das Haupt ruht auf einem grünen Kissen.

Sein Mythos ist beträchtlich. Es gibt Dichtungen und Spielfilme, die ihn feiern, es wurden sogar Opern über ihn geschrieben, eine davon, «Riccardo Primo», vertonte der deutsche Komponist Georg Friedrich Händel.

Heinrich Heine hat Richard Löwenherz eine Ballade gewidmet:

Wohl durch der Wälder einödige Pracht
Jagt ungestüm ein Reiter;
Er bläst ins Horn, er singt und lacht
Gar seelenvergnügt und heiter.

Sein Harnisch ist von starkem Erz,
Noch stärker ist sein Gemüte,
Das ist Herr Richard Löwenherz,
Der christlichen Ritterschaft Blüte.

«Willkommen in England!» rufen ihm zu
Die Bäume mit grünen Zungen –
«Wir freuen uns, o König, dass du
Östreichischer Haft entsprungen.»

Dem König ist wohl in der freien Luft,
Er fühlt sich wie neugeboren,
Er denkt an Östreichs Festungsduft –
Und gibt seinem Pferde die Sporen.

KRIEGE, FEHDEN, GOTTESFRIEDEN

Am 27. Juli 1214 fand im nordostfranzösischen Bouvines, nahe der heutigen französisch-belgischen Grenze, eine Schlacht statt. Der Tag war ein Sonntag, an dem die Waffen eigentlich hätten schweigen müssen, doch der Zwang zu militärischer Entscheidung wog schwerer als das kirchliche Gebot. Unter vielen kriegerischen Auseinandersetzungen der Zeit ragt diese insofern heraus, als sie der einen Seite einen ebenso vollständigen wie folgenreichen Sieg bescherte, der die politische Situation in Gesamteuropa veränderte.

Es standen einander zwei Herrscher gegenüber: der König von Frankreich und der deutsche Kaiser. Dessen Stellung war nicht unumstritten. Er stammte aus dem Geschlecht der Welfen, das sich mit dem anderen deutschen Herrschergeschlecht der Staufer in einem nun schon Jahrzehnte währenden Zwist befand; da es dabei auch um die Kaiserwürde ging, waren andere Länder ebenfalls betroffen.

Frankreichs König hatte sich die Unterstützung des Papstes gesichert, Verbündeter des Kaisers war der englische König. Die aristokratischen Alliierten auf Seiten beider Herrscher verfochten ihrerseits eigene Besitzinteressen. Die königlichen Anführer selbst waren durch heiratspolitische Verquickungen miteinander mehr oder weniger verwandt.

Die beiden Heere waren fast gleich stark, wobei der Kaiser über die etwas größere Truppe gebot. Beide Heere untergliederten sich in Fußtruppen und Reiter. Die Kämpfer zu Pferde waren beweglicher. Sie trugen volle Rüstung, also einen den gesamten Körper bedeckenden metallenen Schutz. Die Helme ließen lediglich einen Sehschlitz frei.

Um die Zugehörigkeit zu einer der beiden Parteien kenntlich zu machen, trug man außer einem Helmbusch einen Stoffüberwurf, der das eigene Wappen zeigte, doch der wurde im Kampfgetümmel rasch zerfetzt. Zudem wurde unterlegenen Rittern von ihren Gegnern gern die Rüstung abgenommen, die sie ihrerseits anlegten, sodass eine verlässliche Identifikation nur durch lauten Zuruf möglich war. Irrtümer schloss das nicht gänzlich aus.

Die Waffen der Reiter waren Lanze und Schwert. Die Fußtruppen verfügten außerdem noch über Haken und Messer.

Mit den Haken zog man die Ritter von ihren Rössern, während die Messer dazu dienten, durch die Schlitze der Rüstung ins Fleisch der Gegner zu stechen. Das Verfahren galt als wenig ehrenhaft, dafür war es erfolgreich, und das zählte am Ende mehr.

Die beiden Heere standen einander an einem kleinen Fluss gegenüber. Über mehrere Tage hin hatten sie sich wechselseitig belauert. Zunächst blieb unentschieden, ob man sich einer Schlacht stellen sollte. Endlich gab es kein Ausweichen mehr. Ehe die Feindseligkeiten eröffnet wurden, ermunterten die beiden Herrscher ihre Leute durch Ansprachen. Sie behaupteten die Rechtmäßigkeit ihres Vorgehens. Sie beschworen Gottes Hilfe. Psalmen wurden gesungen, dann ertönten Glocken und Trompeten.

Der Kampf begann damit, dass die kaiserlichen Truppen auf ihre Gegner einstürmten. In vorderster Reihe standen die Fußsoldaten, doch die Reiter fanden, dass es ihre Sache sei, die Schlacht zu entscheiden. Es kam zu ritterlichen Zweikämpfen. Die Franzosen erwiesen sich als die Erfolgreicheren, die Niederlage des Welfenfürsten war schließlich unverkennbar. Alle seine Ritter wurden entweder gefangen genommen oder flohen. Lediglich die Fußknechte standen noch. Die Franzosen brachen auch diesen Widerstand.

Sie hatten damit auf der ganzen Linie gesiegt. Die gefangenen Ritter würden ihnen viel Lösegeld einbringen, der französische König könnte seine Güter in beträchtlichem Umfang erweitern. Der Kaiser war politisch entmachtet und zog sich auf seine deutschen Besitztümer zurück. Der französische und der englische König einigten sich in Verhandlungen, was die Position des Engländers in seiner Heimat derart schwächte, dass er im Jahr darauf in die Magna Charta libertatum einwilligen musste. Diese große Urkunde der Freiheiten war ein Vertrag zwischen dem König und den englischen Baronen. Er beschränkte die Privilegien der Krone erheblich und gilt als Gründungsdokument der konstitutionellen Monarchie auf den Britischen Inseln.

König Philipp II. August aber war seit hundert Jahren der erste Franzosenherrscher, der sich, bei Bouvines, in den Mittelpunkt einer Schlacht gestellt hatte.

Dieses Verhalten galt das gesamte Mittelalter hindurch als die natürliche, die gegebene Funktion eines Herrschers. Das Mittelalter war eine Epoche der Kriege, was es von anderen Epochen, einschließlich der unseren, nicht wesentlich unterscheidet. Am Beginn jeglichen Krieges steht ein Gegensatz: von Interessen, von Ansprüchen, von Gefühlen, von Überzeugungen. Ziel eines Krieges ist der Sieg über den Gegner, unter Mitnahme der damit verbundenen Vorteile materieller und immaterieller Art. Auch darin unterscheiden sich Kriege im Mittelalter nicht grundsätzlich von denen in anderen Epochen.

Die Gegensätze, die am Beginn einer Auseinandersetzung stehen, müssen nicht zwangsläufig zum Krieg führen. Es gibt mindere Formen des Konflikts, Streitereien, das deutsche Mittelalter nannte sie Fehden; sie konnten auch durch Verhandlung und Übereinkunft beigelegt werden, durch Gerichtsurteile, äußerstenfalls durch ein Duell. Dies ist bereits ein Waffengang, und von daher wird die Grenze zum Krieg undeutlich und fließend. Man kann den mittelalterlichen Krieg als die ins Äußerste ausufernde Form einer Fehde verstehen.

Kriege waren mit Opfern verbunden. Sie bestanden zunächst in Verwundung und Tod vieler Einzelner. Opfer mussten gerechtfertigt werden: durch Hinweis auf die gerechte eigene Sache, was zu behaupten eine propagandistische Aufgabe darstellte. Sie wurde, bei christlichen Heeren, durch mitgeführte Priester übernommen, außerdem durch den jeweiligen militärischen Führer, der Fürst oder König war. Die verbale Aufrüstung geschah üblicherweise unmittelbar vor Beginn einer Schlacht.

Französische Ritter in der Schlacht von Bouvines 1214.
Buchmalerei. Um 1340.

Die Heere setzten sich aus den waffenfähigen Männern der jeweiligen Bevölkerung zusammen. Sie wurden durch ein Aufgebot rekrutiert, den Heerbann. Manchmal wurden Berufsmilitärs angeheuert, so etwa in Byzanz; das konnten Ausländer sein, zum Beispiel normannische Söldner oder englische Bogenschützen.

Übliche Kriegszeiten waren der Herbst und das Frühjahr. Der Winter fiel ebenso aus wie, für gewöhnlich, der Sommer, beide Male aus Gründen der Witterung. Sammelort für das Heer war ein Feldlager. Die Truppen mussten versorgt werden, was entweder durch die eigene Bevölkerung geschah oder durch ausführliches Marodieren, sofern man sich auf gegnerischem Gebiet befand.

Das Waffenarsenal änderte sich mit der Zeit und mit den Fortschritten der Technik. Schwert, Dolch, Keule, Streitaxt, Haken und Spieß wurden das gesamte Mittelalter hindurch verwendet. Sie alle dienten dem Nahkampf. Schusswaffen waren Speer, Bogen, Armbrust und Steinschleuder. Bei Belagerungen kamen Brandpfeile, schwere Steinschleudern und Rammböcke zum Einsatz.

Die Heere bestanden aus Fußtruppen und Reitern. In einer üblichen Schlacht, so in Bouvines, standen sich die Heere frontal gegenüber, worauf es, nach wechselseitigem Beschuss mit Pfeilen oder Bolzen, anschließend zum Nahkampf kam. Größere Beweglichkeit erreichten naturgemäß die Reiter; ihr Ansehen war entsprechend höher, wie auch der persönliche Besitz eines Pferdes ein höheres gesellschaftliches Prestige verlieh. Sieger war, wer den Gegner zum Rückzug und zur Flucht zwingen konnte. Anschließend wurde das Schlachtfeld nach den eigenen Toten abgesucht, die man begrub, und nach toten Feinden, die man ausrauben konnte.

Die frontale Auseinandersetzung konnte umgangen werden durch allerlei strategische Tricks, durch Täuschungen, durch falsche Signale. Es war üblich, Tarnungen und Verstecke zu benutzen, um, zum geeigneten Zeitpunkt, den Gegner überraschend zu überfallen. Solche List galt als lässlich. Sie war der Ausweis für die militärische Klugheit eines Feldherrn.

Nach dem Ende einer Schlacht wurde drei Tage lang Beute gemacht. Opfer des Plünderns und Brandschatzens war die Zi-

vilbevölkerung des geschlagenen Gegners. Es kam zu Vergewalti-
gungen und Tötungen, Kinder durften am Leben bleiben, da sie
sich zu Sklaven machen ließen. Gefangene Feinde wurden abge-
schlachtet, wenn es sich um einfaches Fußvolk handelte, Adlige
blieben am Leben, denn mit ihnen ließen sich Lösegelder erzie-
len. Es findet sich hier, wenn man so will, eine allererste Form
des Offizier, privilegs in der Genfer Konvention.

Der Krieg blieb ein blutiges und brutales Geschäft. Daran änderte auch die Erfindung neuer Waffen und Werkzeuge nichts.
Berthold Schwarz, gelegentlich Bertholdus Niger genannt, war
ein Mönch aus Freiburg im Breisgau. Er lebte um das Jahr 1330
und betrieb inständig das Geschäft der Alchimie. Er experimen-
tierte mit Salpeter, Schwefel und weiteren Chemikalien; statt
Gold herzustellen, erfand er vielmehr das Schießpulver. Angeblich soll die Kirche seine Entdeckung als Satanswerk betrachtet
haben, was sie in einem höheren Sinne auch war, jedenfalls sei
er, heißt es, im Jahre 1388 ihretwegen zum Tode verurteilt und
hingerichtet worden.

Die Erfindung aber war in der Welt und würde sich bald als
äußerst folgenreich erweisen: Sie ermöglichte die Entwicklung,
Herstellung und Anwendung von völlig neuen Waffen.

Gegen feindliche Befestigungen konnten jetzt Kanonen auf-
gefahren werden: gegossene Rohre, die Stein- oder Metallku-
geln schossen; die Anwendung war viel leichter, die Wirkung
viel nachhaltiger als alles, was man bis dahin kannte. Etwas später kamen Handfeuerwaffen auf, die Pfeil, Bogen und Armbrust
ersetzen würden, und obgleich die ersten Musketen mehr als
unhandlich ausfielen, waren auch hier die Treffsicherheit und
Durchschlagskraft bald außerordentlich. Die neuen Waffen veränderten die gesamte Kriegsführung, was sich in voller Konsequenz freilich erst ausgangs des Mittelalters erweisen sollte. Man
darf sagen: Der Beginn der europäischen Neuzeit wird gleichermaßen durch den Sieg der Reformation wie durch eine verstärkte

Hinwendung zur griechisch-römischen Antike, wie durch die Aufkunft der Feuerwaffen markiert.

Im Anschluss an die Niederlage einer der kriegführenden Parteien erfolgte der Friedensschluss. Gelegentlich kam es zum plötzlichen Sinneswandel einer der beiden Parteien. Manchmal endete ein Krieg mit der völligen Erschöpfung der beiden Kontrahenten oder lief einfach aus, indem, nach der Winterpause, kein neuer Waffengang mehr begann. Es konnte auch Waffenruhe vereinbart werden.

Der förmliche Friedensschluss wurde durch ein Ritual besiegelt: einen Händedruck, einen Friedenskuss, einen gemeinsamen Trunk oder ein gemeinsames Essen. Der Sieger diktierte seine Forderungen. Sie bestanden in Landgewinn oder bestimmten Personalentscheidungen oder in beidem. Ab dem zwölften Jahrhundert wurden Friedensvereinbarungen schriftlich niedergelegt, durch einen Vertrag. Bei den vorausgehenden Verhandlungen waren Klugheit, Geschick und auch List gefragt, zumal auf Seiten der unterlegenen Partei.

Um dem von der Bibel vorgeschriebenen Auftrag zu Friedfertigkeit und Feindesliebe nachzukommen, entschloss man sich im Hochmittelalter zur Einrichtung des Gottesfriedens.

Er kam zunächst in Frankreich auf. Bestimmte Personengruppen und Objekte sollten von bewaffneten Auseinandersetzungen verschont bleiben. Zu Ersteren zählten Kleriker, Kaufleute, Bauern und Frauen, die Orte waren Kirchen, Klöster und Straßen. Im Fall des Verstoßes gegen den Gottesfrieden drohten Kirchenstrafen. Die Sache hatte einen unmittelbar wirtschaftlichen Nutzen, denn sie kam vor allem dem Fernhandel zugute. Verbindlichkeit gewann die Sache dadurch, dass Fürsten sich gegenseitig durch einen Eid verpflichteten.

Der Historiker Norbert Ohler:

«Im Agnus Dei flehte man das Lamm Gottes ursprünglich dreimal um Erbarmen an; seit dem 10. Jahrhundert trat – bis heute – an die Stelle des dritten *Miserere nobis* die Bitte *Dona nobis pacem*, gib uns Frieden. Mittelalterliche Friedensvorstellungen speisen sich … aus ganz unterschiedlichen Quellen: Germanisches, römisches und christliches Denken haben einander ergänzt, überlagert, beeinflusst. Zwar wurden auch Frieden abgeschlossen, die ‹ewig› gelten sollten; doch Bibel und Alltagserfahrung begünstigten das Entstehen eines Menschenbildes, das vor allzu großen Visionen bewahrte. Man glaubte, dass der Mensch zum Gutsein berufen sei und zum Bösen neige. In der Hoffnung, dass der wahre, endgültige Friede den Menschen in der ewigen Seligkeit geschenkt werde, bemühten Friedensstifter sich um ‹Teilfrieden›.»

WELFEN UND STAUFER

Die Welfen waren ein altes ostfränkisches Hochadelsgeschlecht mit Wurzeln im deutschen Südwesten. Welf meint Wolf. Dass der berühmteste aus der Sippe, Heinrich, den Beinamen «der Löwe» erhielt, setzt gleichsam ein Raubtier auf ein anderes. Wer darin ein besonderes Maß an Habgier und übersteigertem Machtbewusstsein erkennen will, geht nicht gänzlich fehl.

Dieser Heinrich, Sohn eines gleichnamigen Vaters, wurde am Bodensee geboren. Er war der direkte Vetter von Kaiser Friedrich Barbarossa aus dem Hause Staufen, der in der zweiten Generation den deutschen Thron besetzte. Welfen und Staufer waren die beiden mächtigsten Adelsfamilien zwischen Rhein und Elbe, und trotz aller verwandtschaftlichen Verquickungen lebten sie miteinander in fortwährender Rivalität. So hatte Barbarossas Vater dem Vater Heinrichs die Herzogtümer Sachsen und Bayern entzogen. Barbarossa suchte zunächst einen Ausgleich und belehnte den Löwen neuerlich mit diesen beiden Herrschaften.

Heinrich entgalt es durch militärische Beihilfe. Er begleitete und unterstützte den Kaiser zwei Jahre lang auf dessen Feldzügen in Polen und in Italien. Hernach freilich widmete er sich mehr und mehr dem Ausbau der eigenen Hausmacht, was nicht nur den Ärger des Kaisers, sondern ebenso die Missgunst anderer, weniger bemittelter Fürsten erregte. Heinrich vermehrte seinen Landbesitz durch die Eroberung westslawischer Territorien. Er gründete neue Städte wie München. Er erhob Braunschweig zu seiner Residenz. Er verstärkte seinen Einfluss im europäischen Norden und knüpfte enge Verbindungen nach England, indem er eine Tochter des dortigen Königs ehelichte.

Als Barbarossa in einen neuen italienischen Krieg zog, in dem es darum ging, die erstarkten Städte in der Lombardei einzuschränken, verweigerte Heinrich jegliche Unterstützung. Die Reaktion des Kaisers war, dass er die Gegner Heinrichs unter den Fürsten hinter sich versammelte und den Welfen vor das Reichsgericht laden ließ. Der Aufruf dazu erging mehrfach. Heinrich erschien nicht. Also verhängte Barbarossa über ihn die Reichsacht.

Es war dies ein im deutschen Hochmittelalter übliches Rechtsmittel, dessen Gebrauch dem obersten Herrscher zustand, in Zusammenwirken mit dem Reichsgericht. Die Acht, wir sagten es, entsprach dem kirchenrechtlichen Bann. Der Geächtete wurde rechtlos, sein Besitz konnte eingezogen, er selbst getötet werden. Sofern der Geächtete sich innerhalb einer bestimmten Frist dem Gericht stellte, mochte er dieses Schicksal abwenden. Stellte er sich jedoch nicht, erging die Aberacht, und die war unlösbar.

Friedrich Barbarossa zog die zwei Herzogtümer des Welfen ein und vergab sie an andere Adlige, so ging Bayern an Otto von Wittelsbach. Außerdem begann ein Reichskrieg gegen Heinrich. Der dauerte ein Jahr, danach musste der Welfe sich geschlagen geben. Er floh außer Landes, zu seinen englischen Verwandten.

Dort blieb er bis zu Friedrich Barbarossas Tod, söhnte sich mit dessen Sohn und Nachfolger aus, kehrte zurück nach Sachsen und konnte wenigstens seine Güter wieder in Besitz nehmen. Er starb, einigermaßen verbittert, in seiner Residenz Braunschweig.

Der Gegensatz zwischen Welfen und Staufern setzte sich unter den Söhnen fort. Italien, Frankreich und England wurden in die Sache einbezogen, und so erlangte sie eine europäische Dimension, in deren Zusammenhang auch die Schlacht von Bouvines gehört. Als Streit zwischen Ghibellinen und Guelfen wurde er dann zumal in Italien zu einem Dauerkonflikt, wobei die Anhänger des Papstes, die Guelfen, wie auch die Anhänger der Kaisermacht, die Ghibellinen (für Waiblinger = Staufer), hauptsächlich ihre jeweiligen partikularen Interessen verfochten.

Als ebenso gewichtig und folgenreich wie dies sollte sich erweisen, was der Löwe in Gebieten östlich der Elbe unternommen hatte. Hier leitete er so etwas wie einen fundamentalen ethnischen und kulturellen Wandel ein.

Die insgesamt sieben Kreuzzüge ins Heilige Land wurden flankiert von kreuzzugsähnlichen Vorhaben andernorts. Auf der Iberischen Halbinsel erfolgte die Vertreibung der muslimischen Mauren durch christkatholische Heere, die sogenannte Reconquista. Vergleichbares galt für Heinrichs Eroberung der ostelbischen Gebiete. Sie fand parallel zum zweiten kriegerischen Aufbruch nach Jerusalem statt. Die Teilnahme daran war dem Welfen durch päpstlichen Dispens ausdrücklich erlassen worden, da der Wendenkreuzzug dem Vatikan als absolut gleichrangig erschien.

Ostelbien war wendisches, also westslawisches Siedlungsgebiet seit der Völkerwanderungszeit. Es hatte dort schon früher Christianisierungsversuche gegeben, aber sie waren überwiegend gescheitert. Die Wenden verehrten Götter, sie waren Fischer und Bauern, der kulturelle Abstand zu Westeuropa war erheblich. Die Wenden kannten Fortifikationen und Dörfer, Städte jedoch kaum. Heinrich besiegte den über das Gebiet des heutigen Mecklenburg herrschenden Obotritenfürsten und kolonisierte das Land.

Er holte Siedler ins Land. Die deutschen Dorfgründungen erfolgten über zugewanderte Kleinadlige, die außer einem Grundbesitz von bestimmter Größe die niedere Gerichtsbarkeit und das Schulzenamt erhielten. Sie warben jüngere Bauernsöhne für die Landbestellung.

Ein dichtes Netz deutsch geprägter Dörfer überzog schließlich das Land und schuf unumkehrbare zivilisatorische Tatsachen. Fast alle hochmittelalterlichen Klosterorden kamen ins Land, voran die Zisterzienser, sie gründeten Abteien und beteiligten sich an der Kultivierung der Böden.

Lübeck, Neugründung des Löwen, lag auf vormals westslawischem Grund. Auch sonst entstanden neue städtische Siedlungen, vornehmlich an der Küste, doch auch an den Kreuzungen wichtiger Handelswege und an Flussübergängen.

HÖFISCHES LEBEN

In ihrer Struktur entsprachen die europäischen Gesellschaften des Mittelalters dem Aufbau einer Pyramide: stufenförmig, nach oben hin sich verjüngend, mit einer Spitze, die der Oberherrscher war, gewöhnlich trug er den Titel eines Königs. Ihm unmittelbar zugeordnet waren die Großfürsten, Herzöge, Magnaten oder Granden, denen in Abstufung die übrigen Adeligen unterstanden, die Pairs, Grafen, Barone, Marquis oder Ritter hießen. Materieller Ausdruck ihres Ranges war zumeist die Größe ihres Landbesitzes.

Hauptbeschäftigung des Adels neben der Herrschaft blieb der Krieg. Zur Herrschaft gehörten außerdem die richterliche Gewalt und das Eintreiben von Abgaben. War gerade kein Krieg, bestand die Tätigkeit des Adels in der Jagd und in Turnierübungen, die beide erkennbar militante Sportarten waren. Man befand sich ständig in bewaffneter Bereitschaft und fieberte dem Krieg entgegen.

Der Sitz des Adels waren anfangs befestigte Höfe. Mit der Zeit entwickelte sich daraus die architektonische Form der Burg. Im frühen Mittelalter war sie aus Hölzern errichtet und bestand lediglich aus einem Turm. In dessen Stockwerken ließen sich Vorräte, Vieh, Flüchtlinge, die Adelsfamilie und ihr Gefolge unterbringen. Wenn es die geologische Situation erlaubte, standen solche Türme auf Hügeln oder Bergen. Zwecks Verteidigung wurde rundum ein Palisadenzaun oder ein Erdwall angelegt. Der Turm als Urform aller Burgen blieb bei späteren Anlagen als Bergfried bestehen. Um ihn herum entstanden weitere Gebäude, Vorratshäuser, Stallungen, Wohntrakte, eine Kapelle. Die Bauarbeiten erfolgten durch Frondienste von Bauern. Als Baumaterial dienten, der besseren Haltbarkeit wegen, bald auch Steine.

Das Leben auf Burgen gestaltete sich nicht sonderlich bequem. Mahlzeiten wurden gemeinschaftlich eingenommen, man schlief gemeinsam, alles Zusammenleben fand auf engstem Raume statt. Darin ähnelte die Burg dem Bauernhof, doch ebenso lassen sich gewisse Ähnlichkeiten zwischen Burgbauten und Klosteranlagen erkennen.

Die Kleidung des Adels unterschied sich, zumindest in den Anfängen, nicht wesentlich von der des Bauern. Das änderte sich im Verlauf der Jahrhunderte. Kleidung wurde zu einem Standesmerkmal, das Kostüm signalisierte die gesellschaftliche Zugehörigkeit. Dabei blieben sie ihrerseits jenem Wandel unterworfen, den wir Mode nennen und der im mittelalterlichen Zentraleuropa in festen Richtungen verlief: sozial immer von oben nach unten, geographisch immer von Süden nach Norden und von Westen nach Osten.

Das Mittelalter brachte in seinem Verlauf soziale Umschichtungen und soziale Differenzierungen mit sich, die auch den Adel betrafen. Es entstand die zumal für das deutsche Hochmittelalter ebenso charakteristische wie einflussreiche Ministerialität.

Ihre Angehörigen waren zunächst nichts als Dienstleute, Abhängige, überwiegend unfrei. Sie wurden zu Aufsehern, Vögten und Meiern, sprachen Recht und erhielten Ämter im Militärbetrieb. Sie führten aus, was sehr viel später Verwaltungsbeamte leisten sollten. Als Lohn für solche Tätigkeit winkte der Aufstieg in niedere Adelsränge.

Bei alldem darf man sich das Leben eines Ministerialen nicht sonderlich komfortabel vorstellen. Nach heutigen Maßstäben existierte er am Rande der Bedürftigkeit. Sein wichtigster Besitz war sein Pferd, auf dem er im Kriegsfall in die Schlacht reiten konnte. Damit war er ein Ritter, was im Französischen *chevalier* hieß und im Englischen *knight*.

Eine exakte Definition des Begriffs fällt schwer, denn es ging hier um keine genau fixierbare Sozialschicht, sondern um ein gesellschaftliches Ideal, dessen Realisierung man anstreben konnte. Das setzte eine Lehrzeit voraus. Der angehende Ritter diente zunächst als Knappe und sah sich am Ende durch entsprechendes Zeremoniell, ausgeführt von einem höheren Adligen, zum Ritter erhoben.

Ritterschaft und Ritterlichkeit wurden der Inhalt von Dichtung und Musik. Sie prägten das gesamte gesellschaftliche Leben der Oberschicht und schufen einen Kanon von Verhaltensnormen und Idealen. Wir haben uns angewöhnt, die so geprägte Zivilisation höfisch zu nennen.

«Nicht das Milieu der Burgen und die Rangordnung des Feudalsystems, sondern die höfische Gesellschaft, ihr wohlberechneter Funktionsaufbau und ihre Meinung von sich selbst schufen Hofkultur», sagt Ferdinand Seibt. «Die vielen großen und kleinen Höfe übernahmen alle etwas davon. In dieser Umgebung entwickelte sich Eleganz, Geist und auch der künstlerische Sinn einer Adelsgesellschaft, die sich vom Mönchsideal emanzipiert hatte, um auf ihre Weise zu leben. Der Gedanke des ‹edlen Dienstes› wurde, wie zur Rechtfertigung gegenüber der mönchischen Askese, zum Leitbild des adeligen Lebens, und die großen und kleinen Höfe sollten seine Schulungsstätten sein.»

In einem mittelalterlichen deutschen Text heißt es:

«Wer am Hof ein gutes Benehmen zeigen will, der soll sich zu Hause davor hüten, je etwas Unhöfisches zu tun; denn ihr müsst wissen, dass höfische Erziehung und höfisches Wesen die Frucht guter Gewohnheit ist.»

Der zivilisatorische Impetus, der sich hier mitteilt, war außerordentlich. Er schuf einen gesamten Kanon aus Bräuchen, Normen, Gewohnheiten und Übungen. Er beeinflusste das gesellschaftliche Leben, die Alltagskultur, die Künste. Er galt für das gesamte christkatholische Europa, seine Zeit war das gesamte Hochmittelalter zwischen dem zwölften und vierzehnten Jahrhundert. Er betraf die Adelsgesellschaft und färbte bis zu einem gewissen Grad auch auf das Bürgertum in den am weitesten entwickelten Städten ab.

Ein Höhepunkt höfischen Lebens war das Fest. Es bestand aus Essen und Trinken, aus Empfang, Aufenthalt und Abreise mit jeweils festgelegtem Ritual, aus Zerstreuung, Musik, Tanz und dem Vortrag von Dichtung. Vieles, was zuvor in eher roher Form abgelaufen war, wurde nun verfeinert, etwa die gemeinsame Mahlzeit. In diesem Zusammenhang gehört auch die Einführung der *table ronde*, der runden Tafel, die etwaige Rangunterschiede in der Sitzordnung aufhob.

Schilderungen großer Feierlichkeiten sind aus allen westeuropäischen Ländern überliefert, angefangen bei den französischen Kapetingern über die englischen Plantagenets bis hin zum Hof der deutschen Kaiser. Umfang und Pracht waren stets enorm.

Bei den beiden Hoffesten des Staufers Friedrich Barbarossa sollen die Teilnehmerzahlen jeweils in die Tausende gegangen sein. Man benutzte eigens für den Anlass errichtete Gebäude und wohnte in prunkvollen Zelten. Zum Festprogramm gehörten artistische Darbietungen, dressierte Tiere wurden vorgeführt, darunter auch Exoten aus fernen Ländern.

Das zwölfte und dreizehnte Jahrhundert waren die Blütezeit des Rittertums, danach begann sein Niedergang. Es wurde zu einer leeren Hülle, zur bloßen Zweckbehauptung; die großen Krisen des Spätmittelalters ließen auch den Adel verarmen, der sich teilweise genötigt sah, seine materielle Existenz als verachteter Raub- und Strauchritter durch Wegelagerei zu sichern. Der Habsburgerkaiser Maximilian I. (1459–1519) bezeichnete sich selbst pathetisch als letzten Ritter. Der Spanier Miguel de Cervantes schuf den melancholisch-komischen Abgesang auf diesen Typus, indem er seinen Don Quijote vorführte als exemplarischen Ritter von der traurigen Gestalt.

FRIEDRICH II. VON HOHENSTAUFEN

In Apulien, der südöstlichsten Region Italiens, steht inmitten unbebauter Umgebung auf einer Hügelspitze ein ebenso eindrucksvolles wie sonderbares Bauwerk. Auf regelmäßigem Grundriss erheben sich acht hohe knochenbleiche Kalksteinwände und ebenso viele Türme. Das Gebäude heißt Castel del Monte, Bergkastell, manche feiern es als Krone Apuliens. Der Erbauer war Kaiser Friedrich II. aus dem schwäbischen Geschlecht der Hohenstaufen.

Über den Zweck von Castel del Monte besteht weitgehende Unklarheit. Die nächstliegende Erklärung lautet, es handle sich um ein Jagdschloss, das flache Dach habe dem Zweck gedient, Jagdvögel darauf zu halten. Andere vermuten eher eine astrono-

mische oder religiöse Verwendung. Erwiesen ist lediglich, dass
der Bauherr sich kaum darin aufgehalten hat, regelmäßige Be-
nutzer wurden vielmehr die späteren Touristen.

Kaiser Friedrich II. war eine bemerkenswerte Figur. Legenden
umrankten ihn von früh an, die deutsche Kyffhäusersage, dass
aus einem Berg, um den die Raben flattern, eines Tages der ret-
tende Kaiser heraustreten werde, beschreibt nicht, wie verbreitet angenommen, den Kaiser Barbarossa, sondern dessen Enkel,
eben Friedrich II.

Er war der Sohn von Kaiser Heinrich VI. und dessen Frau
Konstanze, Erbin des normannisch-sizilischen Throns. Sie war
bereits recht alt, als sie ihn zur Welt brachte, weshalb umgehend
das Gerücht aufkam, der Junge sei in Wahrheit ein Findelkind.
Der junge Friedrich wuchs auf im sizilianischen Palermo. Auf der
Insel trafen, schon seit langem, morgenländisch-islamische und
abendländisch-christliche Kultureinflüsse aufeinander und gingen eine reizvolle Symbiose ein. Immer wieder herrschten auch
politische Unruhen. Der junge Stauferprinz sah einer ungewis-
sen Zukunft entgegen.

Bereits als Zweijähriger war er 1196 auf Veranlassung seines
Vaters zum römisch-deutschen König gewählt worden. Nur wenig später ließ seine Mutter ihn zum König von Sizilien krönen
und übertrug zugleich dem Papst, der damals Lehnsherr über
Sizilien war, die Vormundschaft für das Kind. Der junge Prinz,
inzwischen eine Vollwaise, um die sich niemand recht kümmerte,
streunte durch die Gassen der Stadt Palermo.

Politische Unruhen gab es nicht nur auf Sizilien, sondern gleichermaßen im übrigen Italien wie auch jenseits der Alpen. Eine
Mehrheit der deutschen Fürsten kam überein, Friedrichs Wahl
zum deutschen König zu bekräftigen, da er weit entfernt genug
lebte, dass man die eigenen politischen Interessen ungehindert
verfolgen könne. Damit brachten sie sowohl den Papst als auch
die unterlegenen deutschen Fürsten gegen sich auf.

Es kam zur Einsetzung eines Gegenkönigs und zu kriegerischen Konflikten zwischen Anhängern der Staufer und deren Gegnern, die sich dem Fürstengeschlecht der Welfen anschlossen. Die Staufer setzten sich durch. Friedrichs Herrschaft konnte sich behaupten und festigte sich im Folgenden immer mehr. Dabei unterhielt er kaum eine innere Beziehung zu jener Region, der seine Sippe entstammte. Während seiner gesamten Regierungszeit reiste er gerade zweimal nach Deutschland und verbrachte dort jeweils bloß kurze Zeit. Als seine Heimat sah er Süditalien an. Er sprach und schrieb die dort gebräuchlichen Sprachen, er liebte die aus arabischen und römischen Elementen bunt gemischte Kultur.

Er ließ sich zum Kaiser krönen, was die Zustimmung des Papstes voraussetzte. Gleichwohl hatte Friedrich immer wieder Konflikte mit den häufig wechselnden Inhabern des Stuhls Petri. Immer noch ging es um die Machtverhältnisse zwischen Thron und Altar, um das alte Investiturproblem, also wer das erste und das letzte Wort haben solle bei der Besetzung hoher Kirchenämter; in der Zeit von Friedrichs Regentschaft wurde diese Frage endgültig entschieden, und zwar zugunsten des Heiligen Stuhls.

Friedrich nahm, weil er es einmal geschworen hatte, an einem Kreuzzug teil. Später wurde er mit dem Kirchenbann belegt und kam davon wieder frei. Er setzte seinen Sohn Heinrich zum König von Deutschland ein, musste freilich erleben, dass dieser ihn verriet und gegen ihn mobilmachte. Friedrich ging aus dieser Auseinandersetzung siegreich hervor und ließ Heinrich in den Kerker werfen, wo der Prinz nach sieben Jahren starb. Sein Vater hatte längst einen anderen Sohn zum deutschen König erhoben. Er führte immer wieder erfolgreich Kriege, so in Norditalien; sein Ansehen wuchs mit der Größe des von ihm kontrollierten Herrschaftsgebietes, doch was er zusammenfügte, sollte nach seinem Tod rasch wieder auseinanderfallen. Als Machtpo-

Kaiser Friedrich II. von Hohenstaufen.
Illustration aus Friedrichs Falkenbuch. Süditalienisch. Um 1260.

litiker hatte er ebenso wenig dauerhaften Erfolg wie seine Vorgänger. Was ihn über andere Regenten hinaushebt, sind seine kulturellen Leistungen.

Friedrich bemühte sich um eine Erneuerung der weltlichen Rechtsprechung und ließ einen entsprechenden Kodex aufsetzen. Er hielt sich einen Gesprächs- und Beraterkreis aus Gelehrten unterschiedlicher Herkunft und schrieb Gedichte. Er ordnete und straffte die sizilianischen Verwaltungsstrukturen und gründete in Neapel eine Staatsrechtsuniversität, die erste ihrer Art. Auch die immer wieder ins Land einfallenden Sarazenen konnte er bezwingen und bestimmte aus ihren Reihen das Personal einer Eliteeinheit. Überhaupt war Friedrich an der arabisch-islamischen Zivilisation gelegen, aus der auch die Jagd mit Greifvögeln stammt. Er verfasste ein illustriertes Buch über die Falkenjagd, über das Halten und die Aufzucht dieser Tiere, das außerordentlich populär wurde und viele Jahrhunderte als ein ornithologisches Standardwerk galt.

Er unterhielt, auch darin an islamischen Herrschern orientiert, einen förmlichen Harem, war neugierig, machtbewusst, gebildet, polyglott und grausam. Friedrich II. war der letzte deutsche Kaiser, dem der Gedanke an eine Wiederherstellung des Imperiums von Karl dem Großen nahelag, wiewohl er nur noch über Fragmente gebot.

Im Jahr 1250 starb er, vermutlich an Typhus. Sein Sarkophag, gefertigt aus Porphyr, steht im Dom von Palermo, neben den steinernen Särgen seines Vaters Heinrich und seines normannischen Großvaters Roger.

DIE KÜNSTE

Zur höfischen Kultur des Mittelalters gehörte neben Zeremoniell und Festlichkeit, neben sportiver Übung und geselliger Mahlzeit ein eigener Kunstbetrieb. Kunst funktioniert als Herrschaftsinstrument und dient seit alters her erst einmal dem Fixieren und Rechtfertigen der gegebenen Ordnung. Wir haben einigen Grund, hier von einer für das ganze Europa maßgeblichen Kultur zu sprechen. Die großen Stile und Tendenzen, die Stoffe und Moden transzendierten die ohnehin noch nicht völlig festgelegten Grenzen von Staaten und Ethnien. Die Gemeinsamkeiten reichten von der Iberischen Halbinsel bis an die Weichsel.

Das unerschütterliche Zentrum dieser Gemeinsamkeiten stellte die Religion. Um das Christentum weströmisch-katholischer Prägung kreisten sämtliche ästhetischen Bemühungen, gleichgültig, ob sie unmittelbar an die Religion anschlossen oder sich von ihr absetzten. Auch hier blieb der religiöse Ausgangspunkt allemal kenntlich, denn noch bei den wildesten, mit Elementen heidnischer Zaubermärchen angereicherten Ritteraventiuren versäumten die Autoren niemals den Hinweis, ihre Helden seien in christlichem Auftrag unterwegs.

Hier äußerte sich eine Spannung, die für die gesamte ästhetische Entwicklung des europäischen Mittelalters charakteristisch war.

Auf der einen Seite gab es christlich-religiöse Topoi, die bedient werden mussten, auf der anderen Seite gab es die Tendenz zum Säkularen. Hinzu kam der gerade in den Künsten spürbare Gegensatz zwischen dem Lateinischen, europäische *lingua franca* auch für Belletristik, und den jeweiligen Volkssprachen, die sich zunehmend emanzipierten. Auch hier blieb, allen idiomatischen Eigenarten zum Trotz, das Lateinische vorbildhaft und damit das Verbindende, Grenzüberschreitende stets gewahrt.

Immerhin, die Nationalsprachen boten noch die größte Möglichkeit zu einer kulturellen Differenzierung. Ansonsten konnten sich die ästhetischen Produkte ähneln bis zur Austauschbarkeit. Gemeinsam war allen Ländern etwa der Gebrauch von Musik. Man kann ihre Produktion auf zahlreichen mittelalterlichen Altartafeln bewundern. Musik fand Verwendung im religiösen wie im weltlichen Rahmen; zeitgenössische Autoren beklagten, wie sogar geistliches Personal Musik als ein durch und durch weltliches Vergnügen genoss, wobei dieselben Musikanten sowohl in der Kirche auftraten, um die Messe zu begleiten, als auch nächtens aufspielten, zum Tanz. Die Instrumentalisten konnten sowohl Laien sein wie fahrende Scholaren, die sich damit ein Zubrot verdienten, als auch Berufsmusiker, die als Dienstleute bei hochgestellten Personen in festem Lohn standen.

Musik spielte vielfach zum Tanz auf. Er hat höchst unterschiedliche Formen bei Hofe, in der Stadt und auf dem Dorf hervorgebracht. Auf dem Land tanzte man den Reigen, der Hof pflegte seine eigenen, streng stilisierten Formen. Auf dem Dorf spielte der bäuerliche Dudelsack, höfische Instrumente waren die ursprünglich aus dem Orient stammende Fiedel, die Laute, das zitherähnliche Psalterium, die Drehleier, die Trommel und eine Reihe verschiedener Flöten. Aufgezeichnet wurden die Melodien in Neumen genannten Zeichen, Vorläufern der heutigen Notenschrift.

Im Hochmittelalter begann auch die allmähliche Emanzipation der bildenden Kunst von der Religion. Nach wie vor blieb das Christentum das alles beherrschende Moment, die Kirche war weiterhin wichtigster Auftraggeber von Malern, Steinmetzen und Bildschnitzern; das überwiegend analphabetische Publikum sollte die theologische Botschaft nicht nur über das gesprochene Wort der Predigt und das gesungene Wort der Liturgie, sondern ebenso über die Fresken, Altartafeln und Heiligenstatuen der

Gotteshäuser erfahren. Auf diese Weise dominierte die Kirche die Bildkunst bis zum Ende des Mittelalters.

Die Bibel ist geschichtenträchtig und figurenreich genug, dass sich neben der unzählige Male wiederholten und variierten Leidensgeschichte Jesu Christi noch andere Motive finden ließen. Die bildliche Darstellung von Bibelszenen wies zu Beginn des Hochmittelalters noch eine sonderbare ikonenhafte Erstarrung auf. Sie erinnert an byzantinische Artefakte und war von diesen auch inspiriert. Später befreite sich die bildende Kunst Westeuropas davon, sie fand zunächst zum Realismus der Hochromanik, ehe sie die Manierismen der gotischen Architektur ins Figürliche übersetzte.

In den biblischen Szenerien wurde kein Historismus probiert. Geschichtsbewusstsein setzt ein differenziertes Zeitempfinden voraus, an dem es dem Publikum mangelte, außerdem lag der Theologie nicht daran, die Heilsgeschichte in ferne Vergangenheiten zu entrücken, vielmehr sollte sie nahe gebracht werden, zeitlich wie räumlich. Die frommen Figuren in den Darstellungen trugen die gleichen Kostüme wie die Menschen, die sie betrachteten. Die Interieurs entstammten ebenso wie die gezeigten Außenansichten und Landschaften der unmittelbaren Nachbarschaft des Bildschöpfers.

Auf diese Weise sickerten unmerklich weltliche Themen und Sujets in die Bildwelt, und es wurde absehbar, dass sich die Bildkunst von der Heilsgeschichte gänzlich lösen würde. Durchdringend geschah dies erst gegen Ende des Mittelalters. Landschaft und Porträt, Stillleben und Interieur wurden, zusammen mit den Motiven antiker Mythologie, die Bildgegenstände von Renaissance und Barock. Doch schon vorher gesellten sich unter die Bewunderer, die das neugeborene Jesuskind und seine Mutter Maria umringten, die porträtähnlichen Gestalten der Stifter und der ausführenden Künstler. Es gab die Stifterfiguren in Kathedralen und die Abbilder von hochmögenden Toten auf Sarkophagen.

Daneben entstand eine völlig vom Sakralen losgelöste Bildkunst. Sie folgte darin dem Kunstgewerbe, das sich längst nicht
mehr nur auf das Verfertigen von Tabernakeln, Reliquiaren und
sonstigem Kultgerät beschränkte; nicht allein die Bischöfe trugen kostbare Ringe, auch die weltlichen Fürsten, und von den
frommen Buchmalereien in liturgischen und theologischen Texten führte ein unmittelbarer Weg zur Illustration weltlicher Literatur. Die Handschriften des Sachsenspiegels illuminieren säku-
lares Geschehen. Der Teppich von Bayeux erzählt bildhaft von
der normannischen Invasion der englischen Insel. In Thüringen
und Südtirol entstanden in Feudalsitzen Wandmalereien mit Figuren zeitgenössischer Ritterepen.

EPEN, SAGEN, MINNESANG

Die Belletristik des Mittelalters musste sich zunächst noch
des Lateinischen bedienen, als der einzigen Schriftsprache, die
existierte. Dabei wandte sie sich schon frühzeitig auch säkularen Stoffen zu. Die Anregungen entstammten zunächst der
griechisch-römischen Antike, die Benediktinerin Hrotsvith von
Gandersheim, Deutschlands erste Poetin, verfasste im zehnten Jahrhundert neben geistlicher Dichtung höchst weltliche
Theatertexte, angeregt durch die Komödien des Römers Te-
renz. Ein anderer geistlicher Autor, Ekkard aus dem Kloster
St. Gallen, erzählte in den lateinischen Versen des Walthariu-
liedes eine Geschichte, deren Personal dem Umkreis des Nibe-
lungenstoffes entstammt.

Es geht darin um Krieg, Kampf und Heldenleben. Heroische
Stoffe sind der erste und wichtigste Inhalt von nichttheologi-
scher Belletristik. Sie erzählen von historisch bezeugbaren Figuren wie Karl dem Großen samt Neffen Roland und ebenso von
erfundenen Märchengestalten wie dem Ruodlieb in einer gleich-

namigen Dichtung vom Tegernsee. Die Grenze zur reinen Geschichtsschreibung gestaltete sich fließend. Auch die Autoren
der verschiedenen Chroniken waren alles andere als skrupulöse
Positivisten und ließen ihrer Einbildungskraft gegebenenfalls
freien Lauf.

Die lateinischen Dichtungen wurden dann in die Nationalsprachen übersetzt. Roland ist Held auch einer altfranzösischen
chanson de geste, eines Heldenepos, womit ein feststehender litera-
rischer Topos kreiert wurde, den andere Literatursprachen wiederholten. Die Inhalte solcher Dichtungen konnten antik sein,
wie das Leben des Äneas von Vergil, oder historisch, wie das Leben des großen Makedoniers Alexander, und es gab, wiederum
in Anlehnung an die Antike, die populäre Tiergeschichte von
Reineke Fuchs.

Besonders beliebt wurde der Sagenkreis um König Artus. Die
Ursprünge sind keltisch, geographischer Ursprung war die britische Halbinsel Cornwall. Die Zeit, in der König Artus gelebt
haben könnte (falls er jemals gelebt hat), war das sechste Jahrhundert; die erste literarische Darstellung, die existiert, stammt
aus der Feder eines walisischen Mönches aus dem neunten Jahrhundert. Danach ist der Stoff immer wieder rezipiert worden, am
nachdrücklichsten durch Geoffrey of Monmouth am Anfang des
zwölften Jahrhunderts. Der britische Mönch schrieb noch Latein,
Robert Wace auf der Kanalinsel Jersey übertrug es ins Französische. Hier machte der Stoff rasch Karriere, indem er von anderen
Dichtern aufgenommen wurde, vor allem von Chrétien de Troyes,
der ihn dann an die deutschen Dichter Hartmann von Aue, Wolf-
ram von Eschenbach und Gottfried von Straßburg weiterreichte.
Sollte man nach einem Gleichnis suchen für die europäische
Kultur im Hochmittelalter, bietet sich neben den Dichtungen um
Reineke Fuchs die Artus-Sage an.

Oder der Nibelungenstoff. Die Geschichte von Siegfried, dem
Drachentöter, von Nibelungenschatz und Gemetzel an König

Etzels Hof findet sowohl im Deutschland der Staufer als auch im Island der Lieder-Edda literarische Beachtung; Figuren aus ihrem Sagenkreis traten bereits in einer der ältesten Dichtungen deutscher Sprache auf, dem fragmentarisch überlieferten Hildebrandslied, und haben, wie man weiß, noch Autoren wie Hans Sachs, Friedrich Hebbel und Richard Wagner inspiriert.

Das deutsche Hildebrandslied ähnelt im Stil der ältesten Dichtung der Angelsachsen, die von Beowulf und Grendel erzählt. Das zur gleichen Zeit wie das Nibelungenlied entstandene Nationalepos der Spanier, «Cantar de mío Cid», ist die kastilische Adaption einer älteren lateinischen Dichtung über Spaniens Nationalhelden.

Allen diesen Texten gemeinsam ist, dass sie für den mündlichen Vortrag vor höfischer Gesellschaft entstanden. Dies macht auch die Verwendung der Nationalsprache plausibel: Die Zuhörer waren des Lesens ebenso unkundig wie des Lateinischen. Die Literaturkarriere der verschiedenen europäischen Nationalsprachen, die einen deutlichen Bildungsschub brachte, verdankte sich paradoxerweise der Unbildung des interessierten Publikums.

Mündlich, zu musikalischer Begleitung, verwirklichte sich auch der Minnesang. Er war gleichfalls eine Dichtkunst von europäischer Dimension; entstanden ist er im Hochmittelalter. Einer seiner frühesten Autoren war Wilhelm IX. von Aquitanien, ein Schürzenjäger, Pilger und Jerusalemfahrer.

Hier ein Ausschnitt aus einer seiner Dichtungen:

Knüpft' meine Herrin fest das Band
Der Liebe: dankte ich's ihr fein
Mit Huldigen und mit Heimlich-Sein
Und diente ihr mit Mund und Hand
Und ehrte ihren Ruf und Stand
Und säng ihr Lob landaus, landein!

Nie hab ich Boten ihr gesandt;
Mir bangt, ihr brächt's Verdruss und Pein;
Nie habe ich, aus Scheu allein,
Ihr meine Liebe laut bekannt:
Mein Herz sei ihr das Unterpfand,
Dass ich ihr nah nur kann gedeihn!

Der Minnesang war eine hochstilisierte Kunst, wie auch ihr Gegenstand, die Minne, in ihren Abläufen und Ritualen streng stilisiert war. Man unterschied zwischen höherer und niederer Minne. Die Erste war ein völlig abstraktes, gleichsam fleischloses Verehrungsritual, während die Zweite durchaus sinnlich-erotischen Charakter haben konnte. Die höhere Minne war gebunden an die elitäre Gesellschaftsschicht, den Adel; hier ging es um die Verehrung, die ein Ritter einer Dame erwies, die in aller Regel verheiratet war. Erfüllung alles Sehnens bestand allenfalls in einer huldvollen Geste, mehr nicht. Jedenfalls galt dies für Deutschland, während anderswo, etwa in Frankreich, die Sache auch intim werden konnte. Subjekt und Autor des Minnesangs ist in aller Regel der Mann. Doch gibt es hier auch Verse aus weiblicher Sicht; in Portugal wird dieser Typus sogar vorherrschend.

Intime erotische Begegnungen wurden dann in der niederen Minne gesucht. Auch hier ist das gesellschaftliche Niveau benannt: Es geht um die Beziehungen zu weiblichen Angehörigen aus der unteren Sozialschicht, etwa einem Bauernmädchen. Dies kann manchmal zum Subjekt der einschlägigen Verse werden, so in einer Dichtung Walthers von der Vogelweide, seiner wohl bekanntesten:

Under der linden
an der heide
dâ unser zweier bette was,

dâ muget ir finden
schône beide
gebrochen bluomen unde gras.
Vor dem walde in einem tal
tandaradei
schône sang diu nahtegal.

Ich kam gegangen
zuo der ouwe:
dô was mîn friedel komen ê.
Dâ wart ich enpfangen,
hêre frouwe
daz ich bin saelic iemer mê.
Kuster mich? Wol tusendstunt:
tandaradei
seht, wie rot ist mir der munt.

(Unter der Linde, auf der Heide, wo unser beider Bett war, da könnt ihr finden, beides zerdrückt, Blumen und Gras. Vor dem Wald in einem Tal. Tandaradei. Schön sang dort die Nachtigall. Ich bin gegangen zu der Au, da war mein Geliebter schon gekommen. Da wurde ich empfangen, als stolze Frau! Des werde ich immer glücklich sein. Küsste er mich? Wohl tausendmal. Tandaradei. Seht, wie rot mir der Mund ist.)

Walther ist der bedeutendste Dichter des deutschen Hochmittelalters und sicher einer der großen Dichter der deutschen Sprache überhaupt. Über seine persönlichen Lebensumstände ist wenig bekannt und das wenige überwiegend aus seinen Versen. Er lebte von 1170 bis 1230, kam aus Österreich, wohl aus Tirol, und begann seine Laufbahn in Wien, am Hof des dortigen Herrschergeschlechts der Babenberger. Walther war viel unterwegs und wanderte nach Norden, eine seiner Stationen war die Wart-

Walther von der Vogelweide.
Illustration aus der Großen Heidelberger Liederhandschrift. Um 1330.

burg in Thüringen, wo der dortige Landgraf eine Art Dichterwettbewerb ausrichtete, der als Sängerkrieg kulturgeschichtliche Bedeutung erlangte. Die politischen Zustände im Land waren wechselhaft, es herrschte Streit zwischen Staufern und Welfen, Walther war auf der einen Seite zu finden wie hernach auf der anderen, jedes Mal mit entsprechender Parteinahme im Vers. Er war ein bezahlter Wortkünstler und musste von seiner Dichtung leben. Erst gegen Ende seines Lebens erhielt er als Lehen einen kleinen Gutshof, den er in hymnischen Versen besungen hat.

Bezahlte Dichter gab es auch sonst. Für den deutschen Sprachraum führte die Minnedichtung erstmals zu dem, was man heute einen Literaturbetrieb nennt. Die Zahl der Autoren war groß. Es gab mindere Talente unter ihnen und außerordentliche. Für Deutschland ist Walther der bedeutendste.

Die Minnedichtung setzt im frühen zwölften Jahrhundert ein. Die ersten Autoren stammten aus dem südlichen Frankreich, der Provence, die eine eigene romanische Sprache sprach; die entsprechenden Dichter hießen Trobadors. Über Nordfrankreich gelangte diese Kunst dann nach Deutschland und weiter bis in westslawische Regionen.

Wieso es zu dieser Kunst mit ihren festen inhaltlichen und formalen Regeln kam, ist weitgehend ungewiss. Man hat arabische Einflüsse vermutet, die über die islamische Hochkultur Andalusiens eingesickert seien, ebenso hat man die anschwellende Marienverehrung des Katholizismus als Anregung gesehen. So recht will keine dieser Erklärungen verfangen. Zu eigenwillig sind Inhalt und Rituale dieser Liebesdichtung, die übrigens immer gesungen wurde, in größerer Runde und vorgetragen vom Autor persönlich.

Von den literarischen Spitzenleistungen der europäischen Kultur um 1200 zehrten dann die folgenden Jahrhunderte. Die Stoffe der Heldenepen gingen, inhaltlich wie sprachlich neu gefasst, in Volksbücher ein. Die Minnelyrik gerann zu einem bloßen Formenkanon und wechselte in das strukturell völlig andere Milieu der Städte, wo sie sich als Meistergesang fortsetzte, oder sie sank ab ins Bäuerliche und inspirierte die dort gesungenen Volkslieder. Mit dem Verfall des Rittertums verlor die Hochkultur ihre Substanz und ihre Maßstäbe. Das Kunstpublikum rekrutierte sich jetzt aus den niederen Ständen, die ihre eigenen Bedürfnisse vortrugen; ein schönes Beispiel ist die spätmittelhochdeutsche Dichtung von Meier Helmbrecht, die den gesellschaftlichen Anspruch und die Tugenden des bäuerlichen Milieus behauptete.

Außer dem gesunkenen Kulturgut der ursprünglich höfischen Kunst neigte man beispielsweise dem Theater zu. Bei den österlichen Mysterien- und Passionsspielen, die zunächst nur eine weitere und sehr populäre Transmission der biblischen Botschaften darstellten, beanspruchten die wegen ihres derb-vulgären Charakters ungemein beliebten Teufelsszenen einen immer breiteren Raum. Schließlich schufen sie sich ihre eigene Form. Der Teufel wurde zum Possenreißer, zum Narren, zur lustigen Figur, er stand im Mittelpunkt von Farcen und Komödien. Eine weitere dramatische Form waren die vom Klima spätgotischer Mystik beeinflussten Moralitätsspiele mit ihren didaktischen Paraphrasen auf die Hinfälligkeit irdischen Lebens. Manchmal gingen sie mit dem Prinzip der Farce eine Bindung ein, die Didaktik bediente sich der humoristischen Übertreibung, wie in den Fastnachtsspielen des Nürnbergers Hans Sachs.

Das wichtigste Land des *morality play* war England. Hier entstand das Spiel von «Everyman», von Jedermann, der Teufel aus den Osterspielen wurde auch zum *Vice*, zur Personifikation des Lasters, um schließlich die Gestalt des Narren anzunehmen, der später in der Renaissance die Dramatik des großen William Shakespeare bevölkern sollte.

Die Belletristik in den Zeiten davor geriet häufig blutleer und ästhetisch schwach. Überragende Talente wie Geoffrey Chaucer, Autor der «Canterbury Tales», oder François Villon waren Ausnahmeerscheinungen. Oder, mit dem Kulturhistoriker Johan Huizinga:

«Mit Ausnahme einiger weniger Dichter empfinden wir die Literatur als ermüdend und langweilig. Endlos ausgesponnene eintönige Allegorien, in denen keine einzige Figur etwas Neues oder Eigenes bietet und die keinen anderen Inhalt haben als die längst abgezogene und schal gewordene sittliche Weisheit vergangener Jahrhunderte. Immer wieder dieselben formelhaften Motive: der Schläfer im Obstgarten, dem eine symbolische Dame erscheint, der Morgenspaziergang im jungen Mai, der Streit zwischen der Dame und dem Liebhaber oder zwischen zwei Freundinnen oder zwischen wem auch immer über einen Punkt aus der Liebeskasuistik. Hoffnungslose Oberflächlichkeit, Stilornamente aus Flittergold, süßliche Romantik, abgenutzte Phantasie, nüchternes Moralisieren – immer wieder kommt uns der Seufzer: Sind das wirklich die Zeitgenossen eines Jan van Eyck? Kann ein Geist wie er dies alles bewundert haben? Höchstwahrscheinlich ja. Es ist nicht sonderbarer als etwa, dass sich Bach mit den kleinbürgerlichsten Reimschmieden eines rheumatischen Kirchenglaubens behalf.»

TEIL 3

PILGER, KETZER, SCHWARZER TOD

DER HERBST DES MITTELALTERS

EUROPA UM 1300

Der französische König nahm einen Papst gefangen. In Frankreich wurde der Templerorden verboten, verfolgt und ausgeplündert. Sieben Jahrzehnte regierten die Päpste im französischen Avignon. Die italienischen Stadtstaaten wurden mächtiger. In Spanien kam die Reconquista immer weiter voran. Das christlich-spanische Königreich Aragon gewann an Ausdehnung und Einfluss. In England regierte mit Eduard I. ein starker König. Die Schweiz gründete sich als Eidgenossenschaft. In Deutschland war Friedrich der Schöne Gegenkönig zu Ludwig dem Bayern. Die Mongolen gelangten bis Schlesien und wurden dort zurückgeschlagen. Osmanische Türken besetzten große Teile byzantinischen Gebiets in Kleinasien. Die letzten christlichen Besitztümer im Heiligen Land gingen verloren. Augengläser kamen in Gebrauch. Die mechanische Uhr wurde erfunden.

VON VENEDIG IN DIE WELT

Marco Polo, 1254 in Venedig geboren, entstammte einer angesehenen Kaufmannsfamilie. Bereits sein Vater und sein Onkel, beide Juwelenhändler, hatten Reisen in den Nahen und den Fernen Osten unternommen. Sie waren dort bis nach China gelangt, das zu jener Zeit unter Mongolenherrschaft stand, auf dem Kaiserthron in Peking saßen mongolische Fürsten. Niccolò und Maffeo Polo hielten sich lange Jahre in der östlichen Hauptstadt Kaifeng auf und kehrten dann nach Venedig zurück.

Zwei Jahre später brachen sie abermals auf, diesmal begleitet von dem jungen Marco. Die Route führte vom levantinischen Akko auf dem Landweg bis nach Hormus am Persischen Golf, danach nordwärts, quer durch Persien bis nach Zentralasien.

Marco Polo. Spanischer Holzschnitt. 1513.

Die Reisenden folgten dem Lauf des Flusses Oxus zum Pamir,
überquerten das Gebirge und erreichten die chinesische Provinz
Sinkiang. Sie durchquerten die Wüste Gobi und gelangten nach
Schangdu. Kein Europäer hatte jemals zuvor diese Entfernungen zurückgelegt und diese Landschaften erblickt.

Marco Polo stand eine Zeitlang in den Diensten des Mongo-
lenherrschers Kublai Khan und wurde zum Begleiter auf dessen Dienstreisen, während sein Vater und sein Onkel zu militärischen Beratern aufstiegen. Insgesamt verweilten die drei Polos
18 Jahre in China; erst als sich die Gelegenheit bot, im Gefolge
einer mongolischen Prinzessin auf dem Seeweg nach Persien zu
reisen, nahmen sie die Gelegenheit wahr und entschlossen sich
zur Rückkehr. Über Sumatra und Südindien gelangten sie auf
dem Landweg nach Byzanz. Ihre Heimatstadt Venedig erreichten sie 1295.

Marco Polo blieb eine umtriebige Natur mit der Neigung zu
gefährlichen Abenteuern. 1298 kommandierte er eine veneziani-
sche Galeere bei einer Seeschlacht zwischen den konkurrierenden Handelsstädten Venedig und Genua und geriet in Gefangenschaft. Als Insasse eines Genueser Kerkers diktierte er einem
Mitgefangenen den ausführlichen Bericht über seinen Aufenthalt in Ostasien. Der Text enthält viele detaillierte Angaben wie
diese über die Versorgung:

«Was die Nahrung anlangt, so leidet das Volk keinen Mangel, besonders da die Tataren, Katajer und die Einwohner der
Provinz Manji großenteils von Reis, Buchweizen und Hirse leben, welche drei Arten Korn in ihrem Boden hundert Maß auf
eins geben. Der Weizen mehrt sich freilich nicht in dieser Weise,
und da das Brot bei ihnen nicht im Gebrauch ist, so wird er nur
zu Nudeln und Pasteten bereitet. Jene drei Kornarten kochen sie
in Milch oder mit Fleisch auf. Es gibt dort kein Stück urbares
Land, welches sie nicht bebauen, und ihr Vieh von allen Gattun-
gen vermehrt sich außerordentlich, sodass es, wenn sie zu Felde

ziehen, kaum einen Mann gibt, der nicht sechs, acht oder mehr Pferde bloß für seinen Gebrauch mit sich führt.»

Oder er schildert ein Bestattungsritual:

«Die Verwandten, Männer und Frauen, tun grobe Gewänder an und begleiten den Leichnam nach dem zum Verbrennen bestimmten Platz. Die Prozession wird von Musikanten begleitet, die ihre Instrumente spielen, wie sie sich vorwärts bewegt. Auch werden Gebete zu ihren Götzen mit lauter Stimme gesungen. Wenn sie zur Stelle kommen, werfen sie viele Stücke Baumwollpapier, auf denen die Bilder von Dienern, Dienerinnen, Pferden und Kamelen gemalt sind, wie auch mit Gold durchwirkte Seide und Gold- und Silbermünzen in die Flammen. Dies geschieht in Folge ihres Glaubens.»

Der gesamte Text, altfranzösisch geschrieben und mit zahlreichen Anmerkungen versehen, erschien unter dem Titel «Die Reisen des Venezianers Marco Polo». Er wurde ein ganz außerordentlicher Erfolg. Er brachte Nachricht aus einer Welt, deren bloßes Vorhandensein zwar bereits bekannt war, aber durch die Lektüre ließen sich Einzelheiten erfahren über so fremde wie ferne Länder wie Siam, Japan, Java, Vietnam, Tibet, Indien und Burma, und vor allem über China.

Das Buch wurde in viele Sprachen übersetzt und existierte – noch gab es keinen Buchdruck – in zahllosen Handschriften. Die Leser erfuhren, dass jenseits der ihnen bekannten Welt jene andere, nicht minder kultivierte Welt existierte, von der sie bisher nur bestimmte Exportwaren kannten, Textilien und Gewürze. Die intensive Wirkung des Reiseberichtes hielt lange an. Weltkarten wurden danach gezeichnet. Der Genueser Christoph Kolumbus fasste bei der Lektüre seinen Entschluss, den westlichen Seeweg nach Indien zu suchen.

Marco Polo starb 1324 in seiner Heimatstadt. Über die Authentizität seiner Schilderungen hatte es bereits zu seinen Lebzeiten Zweifel gegeben, die sich in den folgenden Jahrhunderten noch verstärkten. Man entdeckte zahlreiche Fehlinformationen, vermisst wurde auch die Schilderung von Eigenheiten des Landes, die kaum zu übersehen waren, wenn jemand jahrelang das Reich der Mitte bereist hatte. Hatte Marco Polo also lediglich die Erzählungen anderer wiedergegeben? Vielleicht die von Vater und Onkel? Was hatte er selbst erlebt, was nur weitergetragen oder gar erfunden? War er selbst überhaupt bis nach China gelangt?

Auf seinem Sterbebett ermahnt, angesichts des Todes alle seine Lügen zu bekennen, entgegnete er: «Ich habe nicht die Hälfte von dem erzählt, was ich gesehen habe, denn keiner hätte mir geglaubt.» Dieser Ausspruch immerhin ist verbürgt.

DIE HANSE

Das Mittelmeer war der eine große Transportraum für den lukrativen Fernhandel, Nord- und Ostsee waren der andere. Beide Räume existierten voneinander nicht isoliert. Englische Schafwolle wurde in Flandern verwebt oder wanderte zur Weiterverarbeitung nach Florenz. Umgekehrt fanden die Seidenstoffe und exotischen Gewürze, die in den levantinischen Städten Jaffa und Akko verschifft wurden, ihren Weg bis ins Baltikum oder nach London.

Transporte auf dem Wasser waren sicherer, schneller und kostengünstiger als auf dem Landweg. Das galt für Flüsse und mehr noch für die offene See. So entstand ein dichtes System von Warenwegen über die Nordsee wie über die Ostsee, mit festen Häfen, Umschlagplätzen und Unterkünften für Seeleute und Händler. Die Ostsee hatte zunächst eine größere Bedeutung als die Nordsee, nicht zuletzt weil sie vergleichsweise ruhig war und beherrschbarer erschien.

Aus den zunächst noch lockeren Handelsbeziehungen entstand schließlich ein Verbund, der sich feste Regeln und Regularien sowie Instanzen schuf. Zu seinem administrativen Mittelpunkt wurde die am Zusammenfluss von Waknitz und Trave gelegene Hafenstadt Lübeck. Ursprünglich eine westslawische Siedlung, wurde Liubice, was «die Liebliche» bedeutet, im Jahr 1157 nach vielerlei Wirren, Heimsuchungen und Zerstörungen vom Welfenfürsten Heinrich dem Löwen neu gegründet und erhielt 1160 das Stadtrecht.

Ab 1226 genoss Lübeck das Privileg der Reichsfreiheit und war damit allein dem deutschen König unterworfen. Es kam zu einem Vertragswerk mit Hamburg. Bald darauf fassten die in Lübeck versammelten Abgeordneten etlicher Städte einen Beschluss zu engerer Zusammenarbeit. Dies markierte den Beginn der Städtehanse. Das Wort Hansa ist ein altdeutscher Begriff und bedeutet so viel wie Gruppe, Schar und Gefolge. Die Farben des Bündnisses waren Rot und Weiß.

Den logistischen Rahmen stellten die jeweiligen Umschlagplätze für den Fernhandel an den Küsten von Nord- und Ostsee. Dazu gehörte Bergen in Norwegen ebenso wie London und Visby auf der Insel Gotland. Später schlossen sich andere, im Binnenland gelegene Städte der Hanse an, darunter Krakau, Smolensk und Groningen.

Manchmal konnte ein Kaufmann der großen Entfernungen wegen nur eine Fahrt im Jahr unternehmen. Man unterschied zwischen Sommerfahrern und Winterfahrern, und vornehmlich die Winterfahrer waren gezwungen, über längere Zeit an einem Ort auszuharren. In einer Stadt wie Nowgorod gab es feste Wohnungen für die Händler, eine eigene Kirche, einen eigenen Friedhof. Kirchen konnten als Warenspeicher dienen, nach dem Gottesdienst wurden dort Güter gehandelt.

Lübeck war Mittelpunkt des Bündnisses, doch es besaß keine wie auch immer geartete Oberhoheit. Die Hanse blieb ein loser, ein freiwilliger Verbund, was zugleich das Geheimnis ihres au-

Tyskebryggen (i. e. deutscher Kai) in Bergen, Norwegen. Historisches
Hansekontor. Baubeginn um 1340.

ßerordentlichen Erfolgs und ihrer langen Existenz ist. In unre-
gelmäßigen Abständen trat in Lübeck der Hansetag zusammen,
mit Abgesandten aller dem Bund zugehörigen Städte. Er konnte
Beschlüsse fassen, über Aufnahmen entscheiden, Sanktionen
verhängen, über Krieg und Frieden befinden. Er war, wenn man
so will, eine beinahe demokratische Institution.

Er war auch eine bürgerliche Institution, wie die gesamte
Hanse ein Verbund bürgerlicher Händler war. Die beträchtlichen Profite, die der Fernhandel abwarf, hatten sowohl die Kaufleute als auch ihre Wohnsitze, die Hansestädte, reich, mächtig
und selbstbewusst gemacht. Von den Regularien feudaler Administration wusste man sich weitgehend unabhängig. Urkunden
und Verträge wurden vielfach nicht in Latein, sondern in Nie-
derdeutsch abgefasst.

Man hat anlässlich der Hanse von einer kommerziellen Revolution gesprochen. Sie betraf zunächst die Transportmittel. Spezielle Schiffe entstanden, für die Flussschifffahrt ebenso wie für die Seefahrt. Bei Letzterer kam bevorzugt die Kogge zum Einsatz, ein breitbäuchiges Lastschiff, in den Abmessungen sieben mal dreißig Meter, bei drei Metern Tiefgang. Die Kogge wurde ausschließlich durch den Wind getrieben und setzte ein einziges, rechteckig geschnittenes Segel. Sie konnte etwa zweihundert Tonnen Last befördern. Die Reisegeschwindigkeit betrug um die sieben Knoten, was ungefähr dreizehn Stundenkilometern entspricht. Die Navigation geschah durch Sichtkontakt mit der Küste.

Das andere revolutionäre Potenzial der Hanse waren die Güter, mit denen gehandelt wurde: Tuche vor allem, daneben Fische wie Hering und Stockfisch, dann Salz, Korn, Erze, Wachs, außerdem Luxuswaren aller Art. Austausch von Gütern bedeutet immer auch Austausch von Informationen, Gewohnheiten, kulturellen Erfahrungen. Hansestädte zeigen, und dies bis heute, eine beträchtliche architektonische Ähnlichkeit, durch die backsteingotischen Kirchen und Patrizierbauten, durch die prunkvollen Rathäuser, meist nach lübischem Vorbild errichtet, durch die Speicher mit den Ladekränen im Giebel. Das alles ist Zeugnis für die kulturelle Ausstrahlung der Hanse.

Das Bündnis stellt eine der großen überstaatlichen Organisationen der europäischen Geschichte dar, genau besehen kommt ihr darin eigentlich nur noch die (gänzlich anders fundierte und operierende) katholische Kirche gleich.

Die prägende Zeit dieses Bündnisses lag in den Anfängen des Spätmittelalters. Von 1350 bis 1400 war sie eine förmliche Großmacht. Der allmähliche Machtverlust begann mit dem Erstarken von Territorialgewalten wie Dänemark und Holland, die eine Verfügung über die zuvor relativ unabhängigen Hansestädte ihres Territoriums erzwangen. Kriege taten ein Übriges.

Zu Beginn des 17. Jahrhunderts existierte der Städtebund nur mehr dem Namen nach, als Reflex einer einst stolzen Vergangenheit, als eine zivilisatorische Erinnerung. Der elsässische Historiker Pierre Dollinger sagt es so:

«Insgesamt unterliegt es wohl keinem Zweifel, dass die Tätigkeit der Hansen für die Völker selbst, in deren Land sie wirkten, fruchtbar war. Schließlich war die Gemeinschaft von einem Geist beseelt, der, obwohl er sich auf ein selbstverständliches materielles Interesse gründete, geachtet und gewürdigt zu werden verdient. Gleichgültig gegenüber nationalen Vorurteilen und weitgehend sogar gegenüber religiösen Gegensätzen, waren die Hansen von Grund auf friedliebend und nahmen nur im äußersten Notfall ihre Zuflucht zum Krieg. Sie haben immer versucht, ihre Konflikte und Beschwerden untereinander wie auch mit dem Ausland durch Schlichtung und Verhandlungen beizulegen. Sie haben auf diese Weise eine Klugheit vorgelebt, über die nachzudenken sich wohl auch heute noch lohnt.»

KAUFMANNSCHAFT

«Lange Zeit war die Kenntnis der Schrift das Vorrecht, wenn nicht gar der Alleinbesitz der Geistlichen gewesen. Im dreizehnten Jahrhundert beginnt sich dies überall, von Frankreich bis Italien, zu ändern. Der Handelsverkehr erforderte bestimmte Kenntnisse und eine größere Bildung. Ein Kaufmann war kaum dazu in der Lage, seine Geschäfte erfolgreich zu führen, wenn er nicht lesen und schreiben konnte. In den Städten entstanden weltliche Schulen, in denen die Kinder der Vermögenden Lesen, Schreiben und Rechnen lernten. Während man sich in der kirchlichen Lehranstalt heiligen Texten widmete und die Arithmetik vor allem zur Kalenderberechnung benutzte, eignete man sich in der neuen stadtbürgerlichen Schule die Kenntnisse für praktische Zwecke an. Dementsprechend änderten sich auch die Lehrmethoden. Das Schwergewicht verlagerte sich von der klassischen auf die angewandte Bildung. Die Bedürfnisse der Kaufmannschaft begünstigten den Übergang von den römischen zu den arabischen Ziffern, die sich bei Rechnungen besser verwenden ließen, sowie zur Einführung der Null. Allmählich entstand eine ‹arithmetische Mentalität›, das heißt eine Neigung zu genauem Rechnen und auch eine gewisse Freude daran.»

So der Moskauer Historiker Aron J. Gurjewitsch.

Er berichtet weiter, wie Kinder von Geschäftsleuten häufig die Universität besuchten, manche von ihnen Ärzte und Rechtsanwälte wurden und das Erlernen von Fremdsprachen eine verbreitete Übung war. Er erzählt dies vor allem anhand von Zeugnissen aus italienischen Städten, damals die fortgeschrittensten des Kontinents. Ihren Reichtum an Geld und Wissen verdankten sie zwei Quellen: dem Fernhandel und der Finanzwirtschaft.

Außer der Seefahrt auf Ost- und Nordsee gab es jene über das Mittelmeer. Neben dem Seehandel gab es den Fernhandel auf dem Land. Die Kaufleute Oberitaliens waren Kopf an Kopf mit den Hansemitgliedern führend in den Bereichen Warenaustausch und Warentransport. Die Familie Polo ist dafür ein gutes Beispiel.

Die Handelswege auf dem Land konnten über unwegsames Gelände führen und Hochgebirge überqueren, etwa die Alpen; solche Wege waren gefahrvoll, aufgrund der unberechenbaren Witterung und wegen der Räuber, die allenthalben lauerten, allen Versicherungen eines königlichen Schutzes zum Trotz. Die Kaufleute schlossen sich zu größeren Gruppen zusammen. Sie bildeten Karawanen, legten sich bewaffneten Schutz zu und waren selbst befähigt, Waffen zu führen. Später kam es immer mehr zu einer Arbeitsteilung zwischen Kaufmann und Spediteur. Hier wurde der nach Transport und Verkauf anfallende Gewinn geteilt.

Fernhandel berührte in aller Regel unterschiedliche Währungsgebiete mit zum Teil schwankenden Münzgewichten. Die nach dem Warenverkauf eingenommenen Gelder mussten in ein Verhältnis zueinander gesetzt und untereinander getauscht werden können, was einen neuen Spezialberuf erbrachte, den Geldwechsler; er benannte sich nach seinem Arbeitsgerät, der Bank. Das Tauschen unterschiedlicher Währung war nur eine seiner Tätigkeiten. Eine andere war die Entgegennahme von Guthaben und das Vergeben von Krediten, gegen Sicherheiten wie Pfänder und bei anfallendem Zins.

Lange hatte die Kirche allen Geldhandel verboten, unter Berufung auf entsprechende Anweisungen Jesu im Neuen Testament. Geldgeschäfte waren ein jüdisches Vorrecht. Inzwischen hatte man jedoch viele Juden diskriminiert oder vertrieben, zudem war es unmöglich geworden, sich den neuen Handels- und Geschäftsbeziehungen zu verweigern. Das beschwichtigend Monte de Pietà genannte Bank- und Pfandleihhaus in Siena war eine rein christliche Einrichtung. Unter dem etwas veränderten Namen Monte di Paschi existiert sie bis heute und ist das größte Bankhaus Italiens.

Man erfand die doppelte Buchführung und den bargeldlosen Zahlungsverkehr. Letzteres war eine andere Vorsichtsmaßnahme gegen die Räuberei, da Wechsel sich durch Dritte nicht ungehindert einlösen ließen. Außerdem bot dieser Zahlungsbeleg, sofern ihn christliche Geldhandelshäuser ausstellten, eine weitere Möglichkeit, das biblisch begründete Zinsverbot zu umgehen.

Dies alles miteinander machte eine juristische Absicherung erforderlich, durch notarielle Verträge, die ausgestellt wurden von Leuten mit entsprechender Ausbildung. Man konnte sie an

Rechtsschulen erhalten. Die älteste stand in Bologna und streitet mit der Pariser Sorbonne um den Ruhm, die älteste Universität der Welt zu sein.

Nochmals Aron J. Gurjewitsch:

«Wie sehr der Großkaufmann sich auch mühte, in das Gefüge des Feudalismus hineinzuwachsen und sich ihm anzupassen, stellte er doch sozialpsychologisch einen Gegentypus zum Feudalherrn dar. Er war ein Ritter des Erwerbs, der Wagnisse nicht auf dem Schlachtfeld unternahm, sondern in seiner Niederlassung, in der Schreibstube, auf dem Handelsschiff oder in der Bank. Dem Heldenmut und der jähen Gefühlsaufwallung der Edlen stellt er nüchterne Vorausberechnung entgegen, der Irrationalität die Rationalität. Unter den Geschäftsleuten bildete sich eine neue Art von Frömmigkeit heraus, die auf paradoxe Weise den Glauben an Gott und die Furcht vor den Qualen des Jenseits mit einer kaufmännischen Auffassung von ‹guten Werken›, für die man Rückerstattung und Belohnung im rechten Verhältnis erwartete, vereinte. Wenn es Europa gegen Ende des Mittelalters gelingt, die Schranken des Altüberlieferten zu überwinden und mit seiner raschen Ausbreitung das Zeitalter der Weltgeschichte zu eröffnen, so gehören zu denen, die entscheidend zu diesem Umbruch beigetragen haben, in erster Linie die Kaufleute.»

GIOTTO

In der italienischen Stadt Assisi steht die Kirche San Francesco, die, 1997 von einem Erdbeben beschädigt, inzwischen völlig restauriert und glanzvoll wiedereröffnet worden ist. Sie besteht aus zwei übereinandergesetzten Sakralbauten, von denen die Oberkirche zwischen ihren Spitzbogen ausgemalt einen tiefblauen Himmel mit goldenen Sternen zeigt und an den Wän-

den die *al fresco* verfertigten Bilder aus dem Leben des heiligen
Franziskus.

Dieser, ein Sohn der Stadt Assisi, hieß eigentlich Giovanni
Francesco Bernardone und erfuhr während einer schweren Er-
krankung eine tiefe innere Wandlung. Er änderte sein Leben und
widmete sich fortan der christlichen Nächstenliebe und der religiösen Askese. Franziskus schuf eine Reihe von frommen Dichtungen, deren berühmteste der altitalienisch verfasste «Sonnen-
gesang» ist, mit solchen Strophen:

Gelobet seiest Du, Herr, samt allen Wesen, die du erschaffen,
der edlen Herrin vor allem, der brüderlichen Sonne,
welche den Tag uns heraufführt und mit Strahlen das Licht
uns spendet, die Schöne, gar prächtig und in machtvollem Glanz:
dein Gleichnis ist sie, Erhabner.

Vor allem aber gründete Franziskus eine neue Mönchsgemein-
schaft, die auf radikale Besitzlosigkeit hielt und schließlich einer
von insgesamt vier mittelalterlichen Bettelorden wurde. Dabei
handelte es sich nicht um den ersten Versuch zur Reform der inzwischen behäbig und feist gewordenen Benediktinerbewegung
und – wie wir heute wissen – auch nicht um den letzten.

Die Fresken der Kirche San Francesco zeigen, wie Franziskus
den Vögeln predigt, wie er einem Armen seinen Mantel überlässt,
wie er, gleich Jesus Christus, auf einem Esel reitet, wie er an den
Händen die Wundmerkmale Christi trägt. Verglichen mit anderen bildkünstlerischen Arbeiten jener Zeit besitzen die Fresken
zwei Auffälligkeiten: Sie sind von ungewöhnlicher Lebendigkeit,
und die Figuren haben Plastizität.

Geschaffen hat sie (sehr wahrscheinlich) Giotto di Bondone.
Er wurde in Florenz geboren, als Sohn eines Schmieds, und
überliefert wird, er habe noch als Kind, beim Hüten von Scha-
fen, auf einem Stein Zeichnungen angefertigt. Völlig vertieft sei

er in diese Tätigkeit gewesen, und so überaus gelungen, nämlich sehr naturnah, seien ihm seine Abbilder von Ameisen geraten, dass er die Aufmerksamkeit des zufällig vorbeikommenden Malers Cimabue erregte. Der habe ihn sofort als seinen Schüler verpflichtet. Legende oder nicht: Gesichert ist, dass Giotto bei Cimabue gelernt hat, der einer der angesehenen Florentiner Bildkünstler seiner Zeit war. Giotto lernte schnell. Bald schon erhielt er eigene Aufträge, die Ausmalung der Kirche in Assisi dürfte eine seiner frühesten Arbeiten gewesen sein.

Seine Kunstfertigkeit sprach sich rasch herum. Er wirkte nicht nur als Tafelmaler, sondern daneben auch als Architekt und Bildhauer. Er verfasste Dichtungen und war ein persönlicher Freund von Dante Alighieri und Francesco Petrarca, mit denen die moderne italienische Sprache und Dichtung beginnt. Er arbeitete viel und erwarb sich ein so hohes gesellschaftliches Ansehen, dass er schließlich in Florenz zu den Honoratioren zählte.

Giotto hatte zahlungskräftige Auftraggeber: wohlhabende Kirchen ebenso wie reiche Fürsten. In Padua schuf er sein Hauptwerk, über hundert Szenen aus dem Leben Jesu und dem der Gottesmutter Maria, Fresken in der Capella degli Scrovegni. Seine letzten Werke entstanden in Florenz. Im Jahr 1337 starb er, man mag es symbolisch nehmen, bei den Arbeiten an einer Darstellung des Jüngsten Gerichts.

Er galt als hochbegabt, so wie andere vor und neben ihm. Bei Giotto aber wurde die Außerordentlichkeit der Begabung von der Mitwelt erkannt und materiell belohnt. Dabei hatte seine Kunst nichts von gefälliger Routine – er revolutionierte die Malerei. Bis dahin hatte sie sich in Westeuropa eng an das ästhetische Vorbild des zivilisatorisch überlegenen Byzanz gehalten: Die Darstellungen waren stilisiert, die Gesichter porträtfern, die Haltungen starr, die Hintergründe reines Dekor.

Giotto, das mochten seine Erfahrungen als Bildhauer machen, brachte Leben und Fülle in die menschlichen Figuren. Er mischte seine Farbpigmente mit Eigelb und Feigensaft, nahm sich den Faltenwurf der Stein- und Holzstatuen zum Vorbild und übersetzte ihn ins gemalte Bild. Dazu war erforderlich, bei den Farben Schattierungen anzubringen, schon dadurch wirkten seine Figuren lebendiger und lebensnäher als die strengen Ikonen aus Byzanz. Die europäische Malerei gewann zurück, was die Bildkunst der Antike schon einmal gekannt hatte: Tiefe.

Dies war Giottos Erfindung und Giottos Verdienst. Noch sind die Bildinhalte bei ihm durchweg religiös. Glaubensferne Gegenstände, wie das realistische Personalporträt oder die Darstellung von reiner Natur, gibt es bei ihm nicht, doch er bereitet dies alles vor.

Das gesellschaftliche Ansehen, das er genoss, konnte er an seine künstlerischen Nachfahren weitergeben. Anders als bislang üblich war der Tafelmaler jetzt mehr als ein austauschbarer, in Gilden eingebundener Handwerker. Er sollte vielmehr Persönlichkeit, Stil, Eigenwillen, Originalität besitzen, denn eben das war es, was seine Besonderheit ausmachte. Er sollte größtmögliche innere und äußere Autonomie erreichen. Giotto hat all das vorbereitet.

RELIQUIENKULT UND WALLFAHRT

Zum Wesen des Katholizismus gehört der Reliquienkult. Ursprünglich eine oströmische Erfindung, denn die Orthodoxie kannte ihn schon, als in Westrom noch die Grabesruhe galt, setzte sich die Überzeugung, die leiblichen Hinterlassenschaften eines Heiligen könnten die Religion gleichsam materialisieren und überdies wundertätige Kräfte entfalten, während des Frühmittelalters auch im Wirkungsbereich der römischen Päpste durch. Der Kult gewann zusehends an Bedeutung, und man mag einen Reflex vorchristlich-heidnischer Magie darin erblicken, den das Christentum billigte, um ihn sich am Ende völlig anzueignen.

Der Reliquienkult inspirierte das Kunsthandwerk, das für die frommen Objekte passende Behältnisse und kostbare Rahmen produzierte. Er hob die kirchlichen Aufbewahrungsorte unter den anderen Sakralbauten in einen höheren Rang. Das Bedürfnis, mit dem frommen Ding in optische oder haptische Berührung zu kommen, setzte viele Menschen in Bewegung, da sie sich Heilung oder Buße, Erlösung oder Erhöhung davon versprachen.

Hier ist der Ursprung jener Mobilität zu suchen, die im Verlauf des Mittelalters zu den Wallfahrten und den großen Pilgerunternehmen führte. Pilgerschaften waren riskant. Das erhoffte Heil, die Vergebung der Sünden, ließ sich nur unter Gefahr und Unsicherheit für Leib und Leben erlangen.

Es gab im Mittelalter vornehmlich drei traditionelle Pilgerziele: Rom, Jerusalem und Santiago de Compostela.

Die ersten beiden Orte verstehen sich von selbst. Sie galten der Wirkungsstätte Jesu Christi, der Stadt seines Martyriums, seiner Grablegung und seiner Wiederauferstehung. Rom, so hieß es, war Begräbnisort der beiden Apostel Petrus und Paulus, und es war Sitz der Päpste. Das am Rande der damals bekannten Welt gelegene Santiago gelangte erst verhältnismäßig spät zu seiner religiösen Bedeutsamkeit. Trotz oder gerade wegen des sehr langen und mühseligen Weges dorthin erfreute es sich einer besonderen Popularität.

Einer im neunten Jahrhundert aufgekommenen Überlieferung zufolge befand sich in Santiago das Grab des älteren Jakobus, der einer der zwölf Apostel Jesu gewesen war. Wie sein Leichnam ausgerechnet ins nordwestlichste Spanien gelangt sein sollte, wurde der Gegenstand einer zunächst sehr umstrittenen, später in aller Form kanonisierten Legende. Ab dem elften Jahrhundert jedenfalls waren das Grab und die darüber errichtete Kathedrale das Ziel eines nicht mehr nur regionalen, sondern europaweiten Pilgerverkehrs, einzelne Gläubige kamen selbst aus dem Osten. Ihr Ausweis wurde die Schale einer großen Kammmuschel, auch Pilger- oder Jakobsmuschel geheißen; sie diente den frommen Wanderern als Trinkgefäß und wurde als Zeichen an der Vorderseite der Kopfbedeckung befestigt.

Die Pilger mussten, wenn sie aus Skandinavien oder von den Britischen Inseln kamen, erst einmal per Schiff auf das Festland übersetzen. Durch Frankreich führten dann mehrere große Pilgerwege, einer über Paris und Orléans, ein anderer von Piemont durch Armagnac, ein dritter durch die Provence bis zu den Pyrenäen. In Navarra liefen alle Straßen zusammen und gingen durch Kastilien und Asturien bis an das Ziel.

Das Pilgeraufkommen war enorm. Es kamen Adlige und Bürger, Reiche und Arme, es kamen Männer, Frauen und Kinder. Die Pilgerschaft ganzer Familien war nichts Unübliches. Fromme Sagen hefteten sich nicht bloß an den Ankunftsort Santiago de Compostela, sondern auch an den Weg dorthin, so das Galgen- und Hühnerwunder:

Ein junger Mann, unterwegs mit seinen Eltern, wollte während einer Übernachtung dem heftigen fleischlichen Drängen einer jungen Frau nicht nachgeben, woraufhin ihm diese einen silbernen Becher aus dem Besitz der Wirtsleute unterschob. Die entdeckten den Verlust, machten den vermeintlichen Dieb dingfest und übergaben ihn dem Richter, dessen Urteil auf Tod durch den Strang lautete. Der Himmel hatte ein Einsehen. Er ließ die Galgenschlinge versagen. Auf dem Rückweg von Santiago trafen die Eltern ihren Sohn lebendig und wohlbehalten wieder; der Richter, vor einem Hühnerbraten sitzend, kommentierte die fabulöse Rettung mit den Worten: Jenes Geschehen sei eigentlich so unglaublich, dass ebenso gut die Hühner, die er eben verspeise, aufstehen, gackern und krähen könnten. Genau dies aber geschah. Neben der Muschel hefteten sich deswegen Jakobspilger eine weiße Hühnerfeder an ihren Hut.

Es gab zahlreiche Pilgerberichte in Buchform. Sie erlangten eine große Beliebtheit und haben sich in vielen Kopien erhalten. Es gab detaillierte Wegbeschreibungen in Form von Itineraren. Einer der ersten Jakobspilger war Wilhelm X. von Aquitanien, der also nicht nur ein großer Weiberheld und einer der ersten bedeutenden Troubadours, sondern auch ein eifriger Pilger war: Alljährlich strebte er nach Rom, und nunmehr entdeckte er für sich Santiago.

Pilgerlieder und Pilgerdichtungen gab es auf Latein und in verschiedenen Landessprachen; ein deutsches Lied, «In Gottes Namen fahren wir», kam über die Jahrhunderte und gelangte in «Des Knaben Wunderhorn», die große Volksliedersammlung des Clemens Brentano und des Achim von Arnim. Gleichfalls gereimte Strophen, 650 an der Zahl, bemüht Hermann Künig von Vach in seinem Büchlein von 1495, das überaus populär wurde und in verschiedenen Drucken vorliegt. «Die straß zu sant Jacob: in warheyt gantz erfaren». Daraus, in heutigem Deutsch, eine Probe:

Dann folgen drei beträchtlich größere Meilen,
bis du in eine Stadt kommst, die Pepelonial heißt.
Und wenn du über die Brücke kommst,
kannst du dort in einem Spital einkehren,
wo man Wein und Brot gibt.

Pepelonial ist Pamplona. Die Angaben über Unterkunft und Ernährung unterscheiden sich wenig von den Mitteilungen moderner Reiseführer. Künig von Vach beschreibt auf diese Weise die Wegstrecke samt allen Zwischenstationen und Entfernungen und allen Möglichkeiten zu Rast und Übernachtung.

Bis der Pilger ans Ziel gelangt. Was dort anzutreffen war, sei

aus einer anderen Quelle zitiert, der in Aramäisch verfassten
Schilderung einer Reise, die ein Armenier in den Jahren von 1489
bis 1491 unternahm:

«Unter großen Mühen, aber getragen von der Hilfe Gottes, gelangte ich sehr erschöpft und entkräftet endlich zur Kirche und zum Grab des hl. Jakobus, dem großen und glorreichen
Heiligen und Licht der Welt. Der Leib dieses Heiligen ruht in
der galicischen Stadt. Ich näherte mich seiner Grabesstätte; ich
betete ihn an mit dem Gesicht zur Erde und flehte ihn um die
Vergebung meiner Sünden an, ebenso der meines Vaters, meiner
Mutter und meiner Wohltäter; endlich hatte ich unter großem
Tränenfluss das, was mein Herzenswunsch war, vollbracht.

Der Körper des Heiligen befindet sich in der Mitte des heiligen
Altars, in einer Messingtruhe mit drei Schlössern. Seine Darstellung ist auf dem heiligen Altar zu sehen, er sitzt auf einem Thron
mit einer Krone auf dem Haupt, überwölbt von einer Kuppel aus
Holz.»

Aus alledem wird deutlich, dass es sich bei den Jakobspilger-
fahrten um etwas handelte, das man heute unter Massentou-
rismus rubrizieren würde. Es setzte bestimmte infrastrukturelle
Maßnahmen und Einrichtungen voraus, wie Herberge, Speise
und Trank. Der Pilgerweg nach Santiago hatte kommerzielle Voraussetzungen und kommerzielle Folgen, er war ein Umsatzbrin-
ger, und wie überall sonst, wo lukrative Geschäfte winken, stellte
sich bald auch die Kriminalität ein; die Wunder von Galgen und
Huhn geben indirekt einen Hinweis darauf.

Die Straßen der Pilger waren jene, die auch der Fernhandel
benutzte. Der Kaufmann konnte zum Pilger werden und der Pilger zum Kaufmann; einer der überlieferten Reiseberichte stammt
von einem Mitglied des großen spätmittelalterlichen Handels-
hauses der Welser aus Augsburg. Pilgerfahrten nutzten dem In-
formationsaustausch: Wer aus Santiago zurückkehrte, hatte etwas von der Welt gesehen, er hatte fremde Menschen getroffen,

Unerhörtes erfahren, und er wusste seine Eindrücke weiterzuge-
ben. Zwischen Frömmigkeit und Profit, zwischen der Grabstätte
des heiligen Jakob und dem zivilisatorischen Fortschritt gibt es
einen sehr direkten Zusammenhang.

SCHWARZER TOD

Anfang Oktober des Jahres 1347 näherten sich der sizilianischen
Hafenstadt Messina zehn Galeeren. Sie kamen aus Caffa, dem
Genueser Handelsstützpunkt auf der Krim, der seit 1346 von einem Tatarenheer unter Führung von Djanibek Khan belagert
wurde. Unter den Belagerern war unerwartet eine Seuche aus-
gebrochen und wütete in einem Maße, dass es zu Auflösungs-
erscheinungen kam. Die Belagerten frohlockten zunächst. Sie
ahnten nicht, dass sie einem Schicksal applaudierten, welches
kurz danach das ihre werden würde.

Im Tatarenheer wütete die Pest. Sie war keine ganz unbe-
kannte und zumal in Asien eine immer wieder durchlittene Seuche, es gab recht genaue Berichte über die Krankheit aus verschiedenen Epochen des frühen Mittelalters, da sie auch in
Europa aufgetreten war, so unter dem oströmischen Kaiser Jus-
tinian. Als Justinianische Pest beschreiben sie etliche Chronisten,
und auch später suchte sie verschiedentlich das südliche Europa
heim, so in den Jahren 680 und 750 Italien.

Relativ exakt schildert die Krankheitssymptome der byzantinische Kaiser Johannes Kantakuzenos, dessen Hauptstadt Konstantinopel 1347 von der Seuche befallen wurde:

«An den Schenkeln und Achselhöhlen entstanden große
Ablagerungen. Wurden sie aufgeschnitten, ergossen sich übel-
riechende Massen aus ihnen.» Dann noch: «Über und unter
dem Schultergelenk, bei einigen auch am Kiefergelenk, bei anderen auch an weiteren Stellen des Körpers, entstanden Abla-

gerungen, einmal kleiner, einmal größer, woraus schwarze Gebilde hervorwuchsen. Bei anderen entwickelten sich am ganzen Körper schwarze Stiche, bei manchen in großer Zahl und durchsichtiger, bei den anderen zusammenfließend und dafür größer. Alle aber, die solche Symptome entwickelten, starben auf dieselbe Weise, wenn auch bei einigen alle zusammentrafen, bei anderen nur eines oder mehrere davon.»

Über den weiteren Verlauf notiert der Kaiser: «Die Krankheit war unbezwingbar, sodass weder eine bestimmte Lebensweise noch starke Körpersäfte gegen sie ankamen. Sie befiel nämlich jeden Körpertypus, ob schwach oder stark. Wer sich behandeln lassen konnte, starb ebenso wie die Allerärmsten. Dieses Jahr zeigte auch keine Tendenzen, andere Seuchen zu entwickeln. Im Gegenteil, wer vorher an anderen Krankheiten litt, fürchtete jetzt nur noch diese. Die ärztliche Kunst konnte nichts ausrichten. Die Seuche zeigte dabei unterschiedliche Verlaufsformen. Manche starben noch am gleichen Tag, an dem sie erkrankt waren, ja einige bereits nach einer Stunde. Wer aber zwei oder drei Tage überlebt hatte, wurde zunächst von einem heftigen Fieber und, nachdem die Seuche den Kopf befallen hatte, von einer Sprachlähmung und Wahrnehmungstrübung gegenüber allem, was um ihn herum geschah, befallen, worauf eine tiefe Bewusstlosigkeit folgte. Erwachte er und wollte er reden, war ihm die Zunge gelähmt und das meiste, was er sagen wollte, unverständlich, da die Nerven im Nacken abgestorben waren. Und er starb dann sehr schnell.»

Die Pest wird hervorgerufen von einem Bakterium, *Yersina pestis*. Sie hat drei Erscheinungsformen: die Beulenpest, die Lungenpest und die Pestsepsis.

Die Beulenpest trägt ihren Namen, da den Kranken an Leistenbeugen, Achselhöhlen oder Hals auffällige Beulen wachsen, bei denen es sich um geschwollene und entzündete Lymphknoten handelt. Übertragen wird die Seuche zunächst durch den Biss von Insekten, die üblicherweise auf Nagetieren leben. Wichtigster Überträger ist der Rattenfloh, *Xenopsylla cheopis*, der auf Wanderratten lebt, von denen aus er auf Hausratten übergehen kann. Unterhalb einer Temperatur von zehn Grad Celsius befällt ihn eine Bewegungsstarre. Aus diesem Grunde breitet sich während des Winters die Seuche langsamer oder gar nicht aus. Die Ansteckung mit Lungenpest erfolgt über Tröpfcheninfektion. Von der Lunge aus kann sich die Krankheit dann auf andere Körperteile ausbreiten, wodurch es schließlich zur Pestsepsis kommt, einer Infektion des Blutes, die auch unmittelbar übertragen werden kann, durch Verunreinigungen an Händen oder Lebensmitteln, mit denen die Mundschleimhaut in Berührung gelangt. Die Beulenpest verläuft in 30 bis 75 Prozent der Fälle tödlich. Für die Lungenpest liegt die Mortalitätsrate bei 95, bei der Pestsepsis bei 100 Prozent.

Die tatarischen Belagerer, die 1346 vor der genuesischen Schwarzmeerstadt Caffa standen, hatten, als gebürtige Asiaten, mit der Pest ihre eigenen Erfahrungen. Die wussten sie einzusetzen. Ein italienischer Chronist:

«Als die nunmehr von Kampf und Pest geschwächten Tataren bestürzt und völlig verblüfft zur Kenntnis nehmen mussten, dass ihre Zahl immer kleiner wurde, und erkannten, dass sie ohne irgendeine Hoffnung auf Rettung dem Tod ausgeliefert waren, banden sie die Leichen auf Wurfmaschinen und ließen sie in die Stadt Caffa hineinkatapultieren, damit dort alle an der unerträglichen Pest zugrunde gehen sollten. Man sah, wie sich die Leichen, die sie auf diese Weise hineingeworfen hatten, zu Bergen türmten. Die Christen konnten sie nämlich weder wegschaffen noch vor ihnen fliehen. Eine Rettung schien nur dadurch möglich, dass man die herabstürzenden Leichen, soweit es möglich war, in den Fluten des Meeres versenkte. Bald war jedoch die ganze Luft verseucht und ebenso das Wasser durch die krankmachende Fäulnis vergiftet. Es breitete sich ein solcher Gestank aus, dass von Tausenden nur noch einer in der Lage war, das Heer zu verlassen und die Flucht zu wagen. Auch er trug die Pest mit sich und brachte ihr Gift überall zu den Menschen ...»

Die Galeeren, die sich, von Caffa kommend, der Stadt Messina näherten, hatten die Pest an Bord. Auf Deck und unter dem Deck, bei den Ruderern, lagen Tote und Sterbende. Ein paar der erkrankten Seeleute schleppten sich an Land und wurden in ein Spital gebracht, Amtsleute inspizierten die Schiffe. Bereits nach drei Tagen hatte sich der erste Einwohner Messinas infiziert, und in der Folgezeit breitete sich die Krankheit aus. Mit der Weigerung, die Pestschiffe fürderhin im Hafen zu behalten, wurde die Seuche weitergereicht, nach Genua, nach Venedig.

Die Ausbreitung erfolgte sehr rasch. Sie erfolgte auf dem Seeweg und auf dem Lande. Eine förmliche Pestwelle rollte durch Europa, ergriff das gesamte Italien, danach Frankreich und Spanien, dann England, Schottland und Irland, schließlich Deutschland. Das für 1350 vom Papst ausgerufene Heilige Jahr mit seinen gen Rom strömenden Pilgerscharen sorgte für zusätzliche Ausbreitung.

Die Krankheit wütete in den Städten wie in den Dörfern, in Burgen wie in Klöstern, man musste Massengräber ausheben, um die Toten beizusetzen, oft in mehreren Lagen übereinander. Es gab nur wenige Regionen, die von der ersten Pestwelle verschont wurden, die Stadt Mailand gehörte dazu und die Stadt Prag.

Die zeitgenössische Medizin war machtlos. Man wusste nichts über die Ursachen, und man kannte keine Therapie; selbst die weiterentwickelte arabische Medizin, von der es reichlich Vertreter im maurischen Andalusien gab, zeigte sich rat- und hilflos.

In der Folge entstanden eine Reihe von Traktaten und Consilien, die sich mit dem Phänomen auseinandersetzten, die mit allerlei Ratschlägen aufwarteten und diverse Therapien vorschlugen; an den Kern der Seuche gelangte keines. Dass eine Übertragung der Krankheit durch Berührungen von Gegenständen und Menschen erfolgte, hatte man immerhin erkannt. Verdorbene Lebensmittel, vor allem fauliges Fleisch, wurden als Krankheitsursache angenommen. Man sprach vom Pesthauch, der die Seuche transportiere; in Hafenstädten machte man den Südwind verantwortlich, dazu die faulige Luft, wie sie etwa aus Sümpfen aufstieg.

Entsprechend gab es prophylaktische Maßnahmen. Räume, in denen Pestkranke verstorben waren, wurden mit dem Rauch brennender Kräuter oder mit Essig gereinigt. Personen, die mit Sterbenden oder Erkrankten in Berührung gekommen waren, reinigten sich mit Essig. Später, als die Lungenpest grassierte, hatten die Pestärzte eine eigene Schutzkleidung: ein ledernes Wams und eine lederne Gesichtsmaske, die in eine schnabelähnliche Verlängerung auslief, in welcher sich ein mit Essig getränkter Schwamm befand; dazu trug man eine Brille. Die Luftfilterung, die sich von daher ergab, war gewiss hilfreich. Andererseits stellte die Lederbekleidung einen idealen Aufenthaltsort für die Pestflöhe dar. Die Todesrate unter den Ärzten war ebenso groß wie bei der restlichen Bevölkerung.

Gravierend die sozialen Folgen. Die üblichen Dienstleistungen und geistlichen Zuwendungen fielen fort, vor allem aus Angst und wohl auch aus Personalmangel. Die Menschen grübelten über die Ursachen. Da sie über keine naturwissenschaftliche Kenntnis und Argumentation verfügten, verlegten sie sich auf die Metaphysik. Es hatte in letzter Zeit verschiedentlich Erdbeben gegeben; sie wurden nun nachträglich als Vorzeichen gedeutet. Näherte sich die Pest einer Stadt, meinten manche zuvor eine Himmelserscheinung wahrzunehmen. Die Angst ergriff

Mittelalterlicher Pestarzt, auch «Doctor Schnabel von Rom».
Holzschnitt. 1656.

alle. Die Angst lähmte oder stimulierte. Eine zügellose Kriminalität breitete sich aus, ohne Respekt vor Tod und Todesruhe. Es kam zu regelrechten Ausschweifungen, zu schrillen Ausbrüchen von purer Lebenslust. Wusste man denn, ob man morgen noch lebte?

Andere mauerten sich ein und brachen jeglichen Verkehr mit der Außenwelt ab. Manchmal half das. Wieder andere versuchten zu fliehen, in andere Städte; waren sie bereits infiziert, schleppten sie die Krankheit bloß weiter. In der Folge sperrten manche Städte ihre Tore zu, was einen Schutz darstellen konnte oder auch nicht. Am ehesten war Sicherheit in kleinen Fluchtorten auf dem flachen Land, in bis dahin von der Krankheit verschonten Gegenden.

Neben Hedonismus und Flucht gab es noch eine weitere sehr verbreitete Reaktion auf die Seuche. Sie war religiöser Art. Dass es sich bei der Krankheit, dem «Schwarzen Tod», um eine Strafe Gottes handle, vielleicht um das nahe Weltende, dass die Pest womöglich eine der durch die Offenbarung des Johannes beschriebenen Heimsuchungen darstelle, die dem himmlischen Gericht vorausgingen, wurde eine sehr verbreitete Überzeugung. Der Klerus vertrat solche Behauptungen, und vor allem vertrat sie eine der vielen Laiensekten, die das Hoch- und Spätmittelalter hervorbrachte: die Geißler. Während der Pestepidemie erhielten sie einen besonderen Zulauf.

Dabei war diese Sekte keine Erscheinung erst aus der Zeit des Schwarzen Todes. Es gab sie bereits seit hundert Jahren, nördlich wie südlich der Alpen, frühe Hochburgen waren, um das Jahr 1260, Venetien und Friaul. Die Sektenanhänger wollten die Leiden Christi nachvollziehen, um derart für sich und die Menschheit die Sünden abzubüßen. An bestimmten kirchlichen Feiertagen, vor allem an Karfreitag, gingen sie in Prozessionen durch die Straßen, sangen, beteten, warfen sich zu Boden und peitschten ihre nackten Oberkörper. Die Pestepidemie führte ihnen dann verstärkt neue Anhänger zu, womöglich in der verzweifelten Hoffnung, solcherart von der unheilvollen Seuche verschont zu bleiben.

Die Folgen nach dem Ende des Schwarzen Todes waren verheerend. Von der gesamten Bevölkerung Europas war ein Drittel hinweggerafft worden, 25 Millionen. Es gab Landstriche und Städte, wo mehr als die Hälfte der Menschen hatte sterben müssen. Grönland war nach dem Durchzug der Pest menschenleer.

BESTATTUNGSRITUALE

Tod und Sterben waren auch sonst allgegenwärtig: durch die massenhafte Säuglingsmortalität, durch Krieg und Verheerung, durch die Kreuzigung Jesu, die Märtyrerlegenden, durch die Drohungen der Pest. Massengräber wie zur Zeit des Schwarzen Todes hatte es auch zuvor schon gegeben, wiewohl nicht in dieser Dimension und in dieser Anzahl.

Das Sterben war ein Vorgang, der jedem bekannt war, dessen Eintritt bei anderen oder bei der eigenen Person er, je nach Gemütslage, entweder fürchtete oder ersehnte. Die aus der Antike stammende Formel, dass der Tod Schlafes Bruder sei, findet sich auch in christlichen Milieus. Die später heiliggesprochene Elisabeth von Thüringen starb so, als sei sie eingeschlafen. *Aliquis obdormivit*, jemand sei eingeschlafen, war eine im Mittelalter übliche Redeweise.

Das Ritual der letzten Stunde wurde bestimmt durch die Religion. Priester wurden gerufen, um den Sterbenden Absolution und Letzte Ölung zu erteilen. War der Tod eingetreten, oder es schien so, wurden ältere erfahrenere Menschen um Nachprüfung ersucht. War der Tote wirklich tot? Stand sein Herz still, hatte seine Atmung ausgesetzt, verfärbte sich seine Haut? Es gab einzelne wunderbare Fälle einer scheinbaren Wiedererweckung bei Totgeglaubten oder Scheintoten.

Bei einem tatsächlich Toten schloss man Mund und Augen. Die Leiche wurde gewaschen. Im Bett lag man üblicherweise nackt, also musste die Leiche bekleidet werden. Anschließend wurde sie so auf eine Bahre gelegt, das Gesicht zum Himmel. Die Verwandten erschienen und nahmen Abschied. Nachts gab es eine Totenwache.

Die Aufbahrung dauerte in nördlichen Ländern gewöhnlich einen Tag. Neben der Leiche brannten Kerzen. In südlichen Ländern erfolgte die Bestattung noch am Tag des Ablebens, der rasch drohenden Verwesung wegen. Zuvor gab es einen feierlichen Leichenzug zur Kirche, wo die Bahre in der Kirchenmitte oder im Chor abgesetzt wurde.

Die Aufbahrung in der Kirche dauerte äußerstenfalls drei Tage. Im offenen Grab wurde die Leiche ein letztes Mal mit Weihwasser besprengt. Der Priester warf die ersten Schaufeln Erde ins Grab, die Trauergemeinde folgte seinem Beispiel. Der Tote, dies der Sinn, sollte seine Ruhe finden, und die Lebenden sollten vor ihm sicher sein.

Vielfach wurde gleich anschließend, also noch vor dem Grab, das Testament des Toten verlesen. Anschließend gab es ein gemeinsames Essen der Hinterbliebenen, den Leichenschmaus.

Der Friedhof war üblicherweise ein Gelände in unmittelbarer Kirchennähe. Hohe Kleriker ließen sich im Fußboden oder in der Krypta ihrer Gotteshäuser beisetzen. Könige und Kaiser hatten besondere Grablegen, durchweg Kirchen; sie standen entweder den Mitgliedern ihrer Dynastie zur Verfügung, wie der Dom von Speyer den Herrschern aus fränkisch-salischem Geschlecht, oder sämtlichen Inhabern einer Königsherrschaft. Dies trifft etwa auf Frankreich zu, wo, in der Kirche von St.-Denis bei Paris, seit dem Franken Chlodwig zahlreiche Könige aus den Häusern Capet, Valois und Bourbon beigesetzt worden sind. Freilich, die

Französische Revolution hat, aus gutem antiroyalistischem Eifer, ihre Gräber geschändet. Die einst fortgeworfenen Knochen ruhen jetzt unterschiedslos in einer einzigen Seitenkapelle von St.-Denis. Die in der Kirche stehenden Sarkophage sind Scheingräber und leer.

MARGARETHE VON DÄNEMARK

Der Dom der kleinen Stadt Roskilde nahe Kopenhagen ist eine zweitürmige Backsteinkirche, begonnen im romanischen Stil und vollendet zu Zeiten der Gotik. Unmittelbar vor ihrem Altar steht ein steinerner Sarkophag, auf dessen Deckel eine vollplastische Figur ruht, verfertigt aus Alabaster. Über ihrem Scheitel, mit etwas Abstand, steht ein gotischer Baldachin, wie ihn Heiligenfiguren in gotischen Kathedralen haben, und auf dem Kopf trägt die Figur eine Königskrone. Es handelt sich um die Abbildung einer Frau. Margarethe von Dänemark starb im Jahr 1412 an der Pest, übrigens auf Jütland, in der inzwischen deutschen Grenzstadt Flensburg. Sie wurde 57 Jahre alt.

Sie starb als Herrscherin über ein Reich, das die heute autonomen Staaten Dänemark, Norwegen und Schweden, dazu Grönland, Island, die Faröer und Teile Finnlands umfasste, in dieser Ausdehnung die größte Territorialmacht, die Skandinavien je erlebte. Sie war wesentlich das Werk dieser Frau. Margarethe gehört zu den Ausnahmeerscheinungen des Mittelalters, das eine derartige feminine Spitzenstellung ausschließlich in zwei Milieus zuließ: dem Kloster und auf dem Thron.

Was Letzteres anlangt, mussten die Umstände entsprechend günstig ausfallen, nicht gerechnet die Willensstärke und Intelligenz der betreffenden Person. Bei Margarethe war alles gegeben. Dass der Schwarze Tod sie in Schleswig ereilte, war insofern nicht sonderbar, als ihre Mutter dieser Landschaft entstammte.

Die hatte den dänischen König geehelicht und von ihm den männlichen Thronfolger empfangen, Christoffer. Tochter Margarethe wurde, im Alter von zehn Jahren, mit dem norwegischen König verheiratet. Dergleichen entsprach der üblichen Praxis in mittelalterlichen Adelsfamilien, die Ehen zu politischen Zwecken stifteten. Als Margarethes Vater starb, war der Bruder bereits tot. Es gab keinen direkten männlichen Thronerben, folglich übernahm Margarethe die Regentschaft.

Wie alle erfolgreichen Herrscher nicht nur des Mittelalters hatte sie einen fähigen Berater. Er hieß Henning Podebusk; der Zweitname ist eine andere Schreibung für Putbus: Henning war von westslawischem Geblüt und kam von der Insel Rügen.

Er hatte bereits Margarethes Vater gedient und gilt als ein Politiker von besonderer Begabung. Sein Titel lautete Droste, seine Funktion war die eines Regierungschefs. Er führte erfolgreiche Verhandlungen mit Ostseeanrainern, wusste militärische Niederlagen seines Landes durch geschickte Verhandlungen abzumildern, entschärfte zwischenstaatliche Konflikte durch für alle Seiten vorteilhafte Handelsbündnisse und legte damit den Grundstein für die nun anhebende Vormachtstellung Dänemarks im nordeuropäischen Raum.

Dessen Königin war Margarethe dem Titel zufolge nicht. Königin durfte bei den Dänen nur heißen, wer Ehefrau eines Königs war. Dies traf bei Margarethe zwar zu, allerdings bloß in Hinsicht auf Norwegen, und da ihr Ehemann Sohn und Thronerbe eines Schwedenkönigs war, hatte er gleichermaßen über Norwegens östlichen Nachbarn geherrscht. Er starb, als Margarethe 28 Jahre zählte. Sie hatte von ihm einen minderjährigen Sohn. Mit der Hilfe von Henning Podebusk setzte sie durch, dass ihr Kind dänischer König wurde und sie für ihn die Regentschaft ausüben konnte. Entsprechendes gelang ihr für Norwegen.

Damit schuf sie eine Personalunion, die für Dänemark und Norwegen vierhundert Jahre halten würde. Schwedischer König war zu jener Zeit ein Herzog aus Mecklenburg, eine ziemlich schwache Figur; Margarethe überzog ihn mit Krieg und blieb am Ende siegreich. Anschließend ließ sie sich vom schwedischen Reichsrat zur Herrscherin küren, was ihr auch das Recht verlieh, den künftigen König zu bestimmen. Sie entschied sich für ihren Großneffen, und damit schuf sie die Voraussetzungen für die Kalmarer Union, die als ihre wichtigste Tat angesehen werden darf: ein Vertragswerk, garantierend den künftigen Verbund der drei skandinavischen Königreiche. Er sollte 125 Jahre, also bis zum Ausgang des Mittelalters, bestehen bleiben.

In einem Zeitalter, das extensive Machtausübung als höchstes Ziel von Politik ansah, wurde Margarethe zu einer eindrucksvollen und rundum respektierten Person. Sie hatte Dänemark und mit Dänemark ganz Skandinavien die Achtung Europas beschert. Sie suchte Abgrenzung gegen Begehrlichkeiten des deutschen Reiches, was ihr nachdrücklich gelang. Sie verhielt sich geschickt in innenpolitischen Dingen. Wichtige Verwaltungsämter besetzte sie mit verlässlichen Personen und vermied aufreibende Konflikte mit der Kirche. Ihre persönlichen Berater in den verschiedenen Gremien erwiesen sich als durchweg gescheit und loyal. Ihre größte Leistung freilich war immateriell: Inmitten einer reinen Männerwelt bewies sie, dass eine Frau in Auftritt und Wirkung sich als gleichberechtigt, wenn nicht als überlegen erweisen konnte.

Man nannte sie «Semiramis des Nordens». Die antike Semiramis war eine assyrische Königin gewesen, der die altgriechische Geschichtsschreibung große Weisheit und Machtfülle bescheinigte. Spätere Legenden schrieben ihr außerdem die Anlage der Hängenden Gärten von Babylon zu. Über hängende Gärten gebot Margarethe von Dänemark allerdings nicht, das nordische Klima war dafür zu rau.

DIE ROLLE DER FRAUEN

Aus zeitgenössischen Dokumenten, etwa Familienstammbüchern, wie sie vornehme Familien der mittelfranzösischen Region Limousin geführt haben, ist die übliche Frequenz von Schwangerschaften bekannt. Danach war eine verheiratete Frau bis zu ihrem vierzigsten Lebensjahr von achtzehn Monaten neun Monate lang schwanger, anders gesagt: Die Hälfte eines weiblichen Erwachsenenlebens bis zum Eintritt der Menopause war sie mit dem Austragen von Kindern befasst.

Dies macht die wichtigste biologische Funktion deutlich, der sich die Frau im Mittelalter stellen musste, wobei sich aus der Biologie unmittelbare ökonomische und juristische Folgen ergaben. Schwangerschaft bedeutete Einschränkung der Arbeitsfähigkeit. Weniger Leistungsvermögen brachte eine geringere Wertschöpfung und für das Subjekt selbst einen geringeren Gebrauchswert. Dies alles begründete jene soziale Minderstellung, welche die mittelalterliche Frau, grob gesagt, juristisch irgendwo neben die Leibeigenen und das Vieh setzte.

Dergleichen galt in sämtlichen Gesellschaftsschichten, wobei natürlich die Frau eines Edelmannes höher stand als etwa die eines Bauern. Doch innerhalb ihres engeren Bezugssystems, der Familie, war ihre mindere Stellung gegenüber dem Mann in allen Sozialschichten jeweils identisch.

Das Mittelalter dachte weitgehend frauenfeindlich. Dafür gab es, neben der durch das Kinderkriegen eingeschränkten Leistungsfähigkeit, außerdem noch zahlreiche andere Motive und Ursachen.

Eine allgemeine Minderstellung der Frau kannte bereits die Antike; mit der christlichen Religion, ihrerseits einem antiken Projekt, war sie auf die nachfolgenden Zeitalter gekommen. Die Frauenfeindlichkeit der Religion äußerte sich unter anderem in apostolischen Botschaften wie jener, das Weib habe in der Kirche zu schweigen, was seinerseits die direkte Übernahme eines jüdisch-religiösen Brauchtums ist.

Außerdem stand dahinter das hochproblematische Verhältnis des Christkatholizismus zur Sexualität. Die galt, alttestamentarisch begründet, als Folge des Sündenfalls der ersten Menschen und war deswegen mit immerwährendem Sündenverdacht belegt. Urmutter Eva als erste Versucherin: Das Bild des zu fleischlicher Sünde verlockenden Weibes durchzog das gesamte Mittelalter und fand Eingang in Darstellungen wie die der Frau Welt, die auf der Vorderseite ihre verlockende Weiblichkeit präsentiert, während ihr Rücken zernagt wird von eklem Gewürm.

Das radikale Vorgehen, fleischlicher Sünde zu entgehen, war die Keuschheit, wie sie die Angehörigen der Mönchsorden und des hohen Klerus, später des katholischen Klerus insgesamt, einzuhalten und durch Gelübde zu bekräftigen hatten. Ganz konsequent wurde sie selbst dort nicht befolgt. Zumal die schöne Literatur des Spätmittelalters voll ist von Schilderungen geiler Mönche, von obszönen Konkubinaten der Kleriker bis zum Bischofsrang. Außerhalb der Kirche gab es für die Triebabfuhr Gelegenheiten von vielerlei Art: die heimliche Umarmung an Rande von Dorffesten, die Badestuben und Hurenhäuser in den Städten, die sexuelle Libertinage beim Adel, wo Favoritinnen und Nebenfrauen nichts Unübliches waren.

Der als normal geltende und von der Kirche gebilligte Raum menschlicher Sexualität war die Familie, also die Ehe. Wobei der moderne Familienbegriff, der lediglich die Kernfamilie aus allernächsten Blutsverwandten bezeichnet, in aller Regel Eltern und deren Kinder, im Mittelalter nicht greift. Kernfamilien kannte man dort auch, natürlich, aber sie füllten den Familienrahmen nicht aus, da in ihn außerdem der gesamte Hausstand, also Hilfskräfte, Gesinde, Abhängige gehörten. Die Familie war ein fester Rechtsbegriff. Sie war eine Rechtseinheit auf ökonomischer Grundlage.

Sie hatte einen männlichen Vorstand, den *pater familias* oder Familienvater. Er vertrat den Hausstand nach außen und besaß nach innen alle Verfügungsgewalt. Seine Stellung wiederholt die hierarchische Ordnung, die das Mittelalter auch sonst bestimmte, sie war Modell im außerfamiliären Bereich, vor allem im Kloster, das sich als eine familiäre Gemeinschaft begriff, mit Titeln wie *frater*, Bruder, familiäre Begriffe übernahm und dessen Abt über väterliches Ansehen und väterliche Macht gebot. Die weltliche Familie wurde durch die Heirat geschaffen. Sie gehorchte, in Brauchtum und Verläufen, unterschiedlichen Ritualen in den Ländern Europas; üblich war in aller Regel die Abfolge Brautwerbung, Verlöbnis und Hochzeit. Da die Familie vor allem ein wirtschaftliches Unternehmen war, wurde die Hochzeit ebenso als ein wirtschaftlicher Vorgang begriffen und vollzogen. Beweise dafür sind die Brautgabe, die der Bräutigam zu zahlen hatte, und die Mitgift, die durch die Familie der Braut zu entrichten war. Vor allem letztere konnte der Anlass für ausführliche Vorverhandlungen werden; andererseits gab sie der Braut so etwas wie eine materielle Absicherung, da sie für den Fall, dass ihr Mann vor ihr starb, darauf zurückzugreifen vermochte.

Außerdem banden Hochzeiten die Herkunftsfamilien der beiden Eheleute aneinander. Eheschließungen konnten frühere Konflikte zwischen zwei Sippen beilegen und neue Bündnisse schaffen. Dies traf vor allem auf Adelsfamilien zu, doch nicht nur auf sie: Ebenso waren städtische und bäuerliche Verhältnisse davon betroffen. Jedenfalls galt durchweg, dass Liebe und gegenseitige Zuneigung der Brautleute kaum von Belang waren; man ging davon aus, dass sich dies während der Ehe einstellen werde, irgendwie, dass Geld und Ökonomie jedenfalls stärker und allzeit wichtiger blieben denn wechselseitiges erotisches Begehren.

Die Mutterrolle, mit der die jungverheiratete Frau in die Ehe hineinwuchs, wurde religiös geadelt durch die Gestalt der Gottesmutter Maria. Die Madonna war Vorbild und Gegenstand einer religiösen Verehrung, die gelegentlich die Verehrung für ihren Sohn, den Heiland Jesus Christus, zu verdrängen drohte. Die Existenz der Madonna lieferte zugleich Begründungen eines gesellschaftlichen Anspruchs, der sich auch jenseits der Kirche vertreten ließ.

Hier ist einer der Gründe zu suchen, wieso sich mit fortschreitender Zeit die Stellung der Frau wenigstens in den städtischen Familien allmählich verbesserte. Man gestand ihr eine gewisse Autorität zu, einen Einfluss auf die Hausführung. War ihr Gatte auf Reisen, wie häufig bei den Kaufleuten in den nord- wie südeuropäischen Städten, nahm sie die Leitung des Hauses ein und entschied in Geschäftsdingen.

Dies blieb nicht unwidersprochen. Die konservative Geistlichkeit gab ihrer Verachtung der Frau unverhüllten Ausdruck. Selbst die schöne Literatur des Spätmittelalters beteiligte sich daran, indem sie sich über Frauen ereiferte, die familiäre Herrschaft beanspruchten, sich zänkisch und dominant benahmen und durch ihr unerträgliches Verhalten den Ehemann aus dem Haus trieben. Es war dies zugleich die Rechtfertigung, dass verheiratete Männer sich dem außerehelichen Beischlaf ergaben. Auch hierfür gibt es reichliche Zeugnisse, die etwa die Umstände solcher Vergnügungen ausführlich mitteilen.

So hat ein burgundischer Herzog in der Stadt Valenciennes für die englische Gesandtschaft die Badestuben eigens herrichten lassen: *«pour eux et pour quiconque avoient de famille, voire bairn estores de taut ce qu'il faut au mestier de Venus»* (für sie und für wen auch immer sie im Gefolge hatten, auch Bäder, versehen mit allem, was zum Dienst der Venus benötigt wird). Die nahe Valenciennes gelegene Stadt Hesdin oder Heusden unterhielt einen sogenannten Lusthof. Dort gab es Rechnungen über *«ung engien pour mell moullier ges dames en marchant par dessoubz»* (einen Apparat, um die Damen nasszuspritzen, wenn sie darunter vorbeigehen). Nasse Frauen boten eine größere Vergnügung für die männlichen Kunden, da jene außer einer wörtlich zu nehmenden Schlüpfrigkeit durch das Benässen auch gedemütigt und der Lächerlichkeit preisgegeben wurden, womit sie das Gefühl der männlichen Überlegenheit stärkten.

Zweck der Ehe war die Erzeugung von Nachwuchs und damit die Fortsetzung der Familie. Die Säuglingssterblichkeit war hoch, auch der Wöchnerin drohte immer wieder der Tod durch das Wundbettfieber. Blieb das Kind am Leben, trat es, sobald es etwa sechs Jahre zählte, in den wirtschaftlichen Betrieb der Familie ein.

Kinder mussten arbeiten. Das galt zumal für arme und bäuerliche Hausstände. Es gab kindspezifische Arbeiten wie den Bergbau, wo der Kleinwuchs in den niederen Stollen von Vorteil war (was seinerseits die märchenhafte Vorstellung von der Existenz und dem Tun der Zwerge anregte). In bürgerlichen und Adelsfamilien fanden sich immerhin kindliche Freiräume, zu füllen mit Spielen und mit Spielzeugen, überliefert sind Puppen, Tierfiguren, Kreisel, Steckenpferde, Tonmurmeln.

Unerwünschte Kinder gab es die Menge. Dafür sorgten allein die außerehelichen Verhältnisse. Manchmal wurden solche Kinder nach der Geburt von ihren Müttern erstickt, was jedoch im Spätmittelalter aus der Mode kam. Verbreitet war das Aussetzen. Es geschah so häufig, dass eigene Hospize für Findelkinder eröffneten, in Florenz das heute noch als Gebäude existierende Ospedale degli Innocenti mit Luca della Robbias hinreißenden Reliefplaketten, die lauter ausgesetzte Wickelkinder zeigen.

KLAUS STÖRTEBEKER

Das Museum für Hamburgische Geschichte besitzt als eines seiner Exponate einen Totenkopf. Das Loch in der Schädeldecke lässt erkennen, dass man ihn einst gepfählt hatte. Auf eine Eisenstange gespießt und öffentlich aufgestellt, sollte er eine abschreckende Wirkung entfalten. Der Schädel kam 1878 ans Licht, bei Grabungsarbeiten für die im Bau befindliche Speicherstadt. Die Speicherstadt steht auf einem Gelände, das vormals der Grasbrook hieß: eine öde Elbinsel, auf der Hamburg vierhundert Jahre lang öffentliche Hinrichtungen hat stattfinden lassen. Die Delinquenten waren Seeräuber. Die Hinrichtung geschah mittels Enthauptung. Die abgeschlagenen Köpfe wurden anschließend gepfählt und in Reihe am Elbufer aufgestellt. Mehrere hundert solcher Exekutionen soll es gegeben haben.

Der 1878 gefundene Schädel wird dem Seeräuber Klaus Störtebeker zugeschrieben. Von dessen Hinrichtung auf dem Grasbrook heißt es, der Hamburger Bürgermeister Kersten Miles habe ihm vor seinem Tode eine besondere Gunst erwiesen: Der Pirat durfte im geköpften Zustand die Reihe seiner zusammen mit ihm verurteilten 78 Kumpane abschreiten, und jene, an denen er so vorüberging, kämen mit dem Leben davon. Der kopflose Pirat verfuhr wie vorgegeben. Als er ausschritt und ausschritt, ohne umzufallen, stellte ihm der Henker ein Bein, sodass er stürzte. Seinen scheinbar geretteten Gefährten nützte die Sache gar nichts. Auch sie wurden allesamt hingerichtet.

Klaus Störtebeker ist von allen mittelalterlichen Piraten der bekannteste. Wie bei anderen bekannten Persönlichkeiten der Zeit, sofern sie den niederen Ständen angehörten, sind die von ihm überlieferten Daten vergleichsweise mager. Umso größer ist der Umfang der ihn betreffenden Vermutungen und Legenden, und es sind die Legenden, die für seine außerordentliche Popularität sorgen. Zu Störtebeker gibt es Spielfilme, Kinderbücher, Erwachsenenbücher, Theaterstücke. Jeden Sommer veranstaltet Ralswiek auf der Insel Rügen ein Störtebeker-Freiluft-Spektakel, das Tausende von Besuchern anzieht. Wer aber war Störtebeker? Schon sein Geburtsort ist umstritten. Rotenburg an der Wümme behauptet, es zu sein, ebenso wie Wismar, das immerhin ein urkundliches Dokument beibringen kann. Danach hat es in der Stadt eine Schlägerei gegeben, mit etlichen Knochenbrüchen, und die Beteiligten habe man anschließend ausgewiesen, von denen einer den Namen Nicolao Stortebeker getragen habe.

Störtebeker bedeutet: stürz den Becher. Der Name benennt die außerordentliche Trinkfestigkeit seines Trägers. Einen Vier-Liter-Humpen Wein oder Bier habe er in einem Zug ausleeren können. Das Porträt, das es von ihm gibt, zeigt einen kräftigen Kerl, selbstbewusst, vollbärtig und mit hochgerecktem Kinn.

Er war Kapitän und Anführer einer Flotte von Freibeutern. Unterwegs auf den Handelsrouten in der Ost- und Nordsee, lauerten sie den dort fahrenden Lastschiffen auf, kaperten sie, machten die Mannschaften nieder und übernahmen die Ladung. Sie nannten sich Likedeeler, Gleichteiler, denn von der Beute, die sie einfuhren, erhielt jedes Mitglied der Mannschaft Anteile in genau gleicher Höhe. Dieses sozusagen kommunistische Ordnungsprinzip bescherte ihnen die heimliche Sympathie von Sozialromantikern und steigerte ihre Popularität.

Ein anderer Beiname lautete Vitalienbrüder. Die erste Worthälfte geht auf Viktualien = Lebensmittel zurück und macht darauf aufmerksam, dass der ursprüngliche Daseinszweck der Likedeeler nicht das Ausplündern von Handelsschiffen war, sondern die Versorgung von Verbündeten. Sie betätigten sich als eine Art angeheuerte Kriegsmarine.

Damals führte Margarethe I. von Dänemark ihren Erbfolgekrieg um Schweden. Ihr Gegner, Herzog Albrecht von Mecklenburg, musste den Nachschub über die Ostsee sichern und beauftragte damit die Vitalienbrüder. Sie brachten Lebensmittel nach Südschweden. Nebenher sollten sie dänische Häfen und Schiffe verwüsten, wofür das einbehaltene Raubgut die Entlohnung war. Dies alles verhalf am Ende dem Herzog Albrecht von Mecklenburg nicht zum Erfolg, Margarethe gewann den Krieg und bestimmte fortan Schwedens politische Geschicke.

Piraterie gehörte und gehört zur Seefahrt, seit Schiffe die Meere befahren. Die Antike kannte Seeräuber, und wir kennen sie heute noch, vor Somalia zum Beispiel oder in der Straße von Malakka. Nach dem Ende des Krieges zwischen Mecklenburg und Dänemark fuhren die Vitalienbrüder fort, Häfen zu überfallen und Handelsschiffen aufzulauern. Die davon betroffenen Eigentümer waren Kaufleute vor allem aus den Ostseehafenstädten Rostock, Wismar und Stralsund.

Die Freibeuter benutzten die nämlichen Schiffe wie ihre Opfer. Es handelte sich um die Kogge und die Hulk. Letztere war ein der Kogge in Form und Größe ähnliches Schiff, dessen Kiel etwas tiefer lag und das sich daher besser steuern ließ. Überflüssig zu sagen, dass es sich bei den Koggen und Hulks der Vitalienbrüder um gekapertes Eigentum handelte.

Der mecklenburgische Herzog Albrecht war nicht der einzige Fürst, der Störtebekers Piratendienste für sich in Anspruch nahm. Noch andere Machthaber heuerten die Vitalienbrüder an, wobei das Prinzip das immer gleiche blieb: Der Lohn bestand nicht in Sold, die Seeräuber durften sich an die gekaperten Schiffe und deren Ladung halten. Für ihren Auftrag besaßen sie ein förmliches Dokument, den Kaperbrief.

Die ersten Anführer der Vitalienbrüder waren verarmte Adlige. Sie taten zur See, was ihre Schicksalsgenossen zu Lande taten: Sie lebten als Raubritter. Ihre Mannschaften bildeten sie sich aus Verfesteten, das waren dem bürgerlichen Leben entfremdete Personen: Schuldner, Kleinstkriminelle, Glücksritter. Es gab freilich auch jemanden wie den Magister Wigbold, der Vitalienbruder wurde, nachdem er ein ordentliches Studium an der englischen Universität Oxford absolviert hatte.

Die Organisation der Vitalienbrüder, die zwischenmenschliche Loyalitäten ebenso umschloss wie die Art der materiellen Verteilung, glich den städtischen Gilden und den klösterlichen Orden. Ursprung waren in allen Fällen die christlichen Bruderschaften des Frühmittelalters, die als Solidaritäts-, Interessen- und Überzeugungsgemeinschaften dienten. Die Kopfstärke der Vitalienbrüder in ihrer Hoch-Zeit, das war um das Jahr 1400, wird auf etwa 2000 Personen geschätzt. Ihr erster Stützpunkt befand sich auf Gotland, das damals mecklenburgischer Kontrolle unterstand. Später erhielt der Deutschritterorden Kontrolle über die Insel, die Piraten wurden vertrieben und verlegten ihre Raubzüge in die Nordsee.

Hier operierten sie von Friesland aus. Die Friesen waren eifrig auf ihre Autonomie bedacht, so ergaben sich gemeinsame Interessen von Einwohnern und Seeräubern, die Übereinkunft lautete: Schutz vor der Verfolgung gegen Beihilfe bei Verteidigung der Unabhängigkeit. Wie anderswo auch wurde die Sache zusätzlich familiär beglaubigt: Anführer Klaus Störtebeker ehelichte die Tochter des einflussreichen Friesenhäuptlings Keno ten Broke. Neue Verträge wurden abgeschlossen, so der zwischen den Piraten und dem Grafen von Holland.

Die Likedeeler suchten inzwischen bevorzugt die nach England verkehrenden Handelsschiffe heim. Das ging zu Lasten des flämischen Tuchhandels, der seine Wolle von den Britischen Inseln bezog. Ihr Raubgut verhökerten die Piraten in Hansestädten wie Bremen und Hamburg, die, als die Sache ruchbar wurde, alles daransetzten, den Verdacht von sich zu weisen, nicht zuletzt indem sie die Bekämpfung der Vitalienbrüder mit besonderem Nachdruck betrieben.

So kam es zu einer großangelegten militärischen Aktion. Auf

Beschluss eines Hansetags stach im April des Jahres 1400 eine Flotte aus elf Schiffen mit 950 Mann Besatzung von Hamburg aus in See. Zwei Wochen später erreichte sie die ostfriesische Küste. Ein Großteil der Vitalienbrüder war gerade unterwegs. Die Angreifer nahmen alle Zurückgebliebenen fest und schlachteten sie ab. Anschließend richteten sie sich in Emden ein, um von hier aus den Kampf gegen die Vitalienbrüder fortzusetzen. Die hatten sich teils nach Norwegen, teils nach Holland geflüchtet und dort Kaperbriefe eingeholt. Störtebeker stand jetzt unter dem Schutz des Herzogs Albrecht von Holland. Würde ihm das nützen? Es kam zu einer entscheidenden Seeschlacht zwischen ihm, seinen Leuten und den Hanseaten in der Nähe der Insel Helgoland.

Die Hamburger Flotte unterstand dem Kommando des Schiffshauptmanns Simon von Utrecht. Es war ein Tag im April 1401. Man bombardierte einander. Störtebeker manövrierte äußerst geschickt. Er wehrte sich erfolgreich. Da goss einer seiner Männer heimlich flüssiges Blei in das Steuerruder von Störtebekers Schiff, das dadurch manövrierunfähig wurde. Dies leitete die Niederlage ein. Die Hanseaten segelten heran und enterten, der Piratenführer wurde festgenommen. Den Bleigießer hatten die Hanseaten vorher erfolgreich bestochen.

Störtebeker wurde auf Simons Schiff überstellt, die «Bunte Kuh». Nach Hamburg verbracht, erfuhr er sein Todesurteil. Sein Scharfrichter hieß Meister Rosenfeld. Der soll sämtliche 74 Verurteilten hintereinander mit dem Schwert geköpft haben und dies völlig fehlerfrei, was allein körperlich eine außerordentliche Leistung darstellt. Als man ihn dafür belobigte, erklärte er, dass er mitnichten erschöpft und im Anschluss auch noch die auf dem Grasbrook versammelten Mitglieder des Hamburger Rates problemlos hinzurichten in der Lage sei. Das wurde als eine freche Herausforderung aufgefasst. Der Henker sah sich festgenommen, und ein junges Ratsmitglied enthauptete ihn.

Verhielten sich die Dinge tatsächlich so? Es könnte ebenso gut alles eine Legende sein. So wie im Falle Störtebeker auch sonst die Grenzen zwischen Mythos und Wirklichkeit verfließen. Das Bild, das üblicherweise als sein Porträt gezeigt wird, stellt nachweislich einen anderen Menschen dar, den Ritter Kunz von der Rosen, einen adligen Schalksnarren, der allerlei derbe Streiche ausführte. Es gibt einen Störtebekerturm und eine Störtebekerspende, und höchstwahrscheinlich hat beides mit seiner Person nichts zu tun. Selbst der gepfählte Schädel im Hamburger Museum dürfte eher nicht zu ihm gehören. War er ein Held oder ein Halunke? Dies wurde öffentlich gefragt. Die Antwort hängt auch davon ab, ob es ihn denn überhaupt gegeben hat. Neuere Untersuchungen wollen wissen, ein Seeräuber namens Klaus Störtebeker habe niemals gelebt. Man kenne lediglich einen Johann Störtebeker aus Danzig, und der sei ein ordentlicher Kaufmann gewesen.

Die Existenz der Vitalienbrüder ist allerdings unbestritten. Mit der Schlacht vor Helgoland fanden ihre Raubzüge mitnichten ein Ende, und noch bis mindestens 1435 sind ihre Taten bezeugt. Piraterie blieb ein beliebtes Mittel der Kriegsführung auch späterhin, man denke an Francis Drake, der im Auftrag seiner Königin Elisabeth I. von England nicht nur die Welt umsegelte, sondern auch fleißig spanische Häfen und Schiffe überfiel. Er wurde dafür zum Ritter geschlagen.

Der in der Schlacht vor Helgoland erfolgreiche Schiffsführer Simon von Utrecht aber amtierte später als ein erfolgreicher Bürgermeister von Hamburg. Sogar sein Schiff «Bunte Kuh» wurde geehrt. Als verkleinerte Nachbildung hängt es im Ratskeller der Stadt bis zum heutigen Tag.

RECHT UND GERICHTSBARKEIT

«Im Alltag mittelalterlicher Geschichte ist die Durchsetzung von Rechten sehr oft eine Machtprobe zwischen sozialen Gruppen. Sie streiten darum, auf wessen Seite das Recht stehe, sie missachten es auch und werden dafür längst nicht immer bestraft. Aber keine Gruppe hat das Recht für sich gepachtet, auch der Fürst nicht. Indem er es feststellt, bindet er sich selbst daran. Im Mittelalter wurde selten genau zwischen Recht und Gerechtigkeit einerseits, Urteil und Gesetz andererseits unterschieden; so musste sich jede spezielle Verfügung sofort an allgemeineren Grundsätzen messen lassen und umgekehrt. Deshalb blieb die Spannung zwischen der ethischen Norm der Gerechtigkeit und den sozialen Konventionen der Vereinbarung ungelöst. Diese Spannung verquickte sich leicht mit der zwischen Herrschaft und Knechtschaft, zwischen Willkür des Einzelnen und Bedürfnis der Menge, zwischen Macht und Frieden. Recht konnte deshalb nie zur Lebensform einer sozialen Gruppe werden, sondern blieb eine Forderung, die sich nur ab und zu im rechtlichen Verhalten zwischen Einzelmenschen und Gruppen verwirklichte.»

So der Mittelalter-Historiker Arno Borst. Was er dartut, lässt sich nicht allein auf das Mittelalter beschränken. Die Spannung zwischen Recht und Gerechtigkeit gibt es im aufgeklärten Europa noch heute, ebenso wie die unterschiedliche Privilegierung einzelner sozialer Gruppen: Recht erhält, wer es bezahlen kann. Der Grundsatz, dass vor Gericht alle gleich seien, ist auch hier und heute bloß Papier.

Immerhin wurde er aufgeschrieben und ist die theoretische Norm. Dass er überhaupt notiert wurde, zählt unter die zivilisatorischen Großtaten der Menschheitsgeschichte. Probiert wurde dergleichen immer wieder, in der Antike und im Mittelalter. Kaiser Friedrich II. aus dem Hause Hohenstaufen erließ 1231 in Sizilien ein lateinisch verfasstes Gesetzbuch, in dem es unter anderem heißt:

«Unter dem notwendigen Zwang der Dinge selbst und nicht minder auf Antrieb der göttlichen Vorsehung wurden die Fürsten der Völker gewählt, damit durch sie die Freiheit zu Verbrechen eingeschränkt werden könne. Sie sollten als Richter über Leben und Tod den Völkern – jedem nach Gebühr – Glück, Schicksal und Zustand gleichsam als Vollstrecker der göttlichen Vorsehung sichern. Dass sie nach Vermögen unter den Völkern Frieden und, sobald sie befriedet sind, Gerechtigkeit bewahren, denn diese beiden umarmen einander wie zwei Geschwister.»

Freilich, dieses Gesetzbuch hatte Gültigkeit ausschließlich für das Königreich Sizilien.

Immerhin wird darin dargetan, was auch sonst in Europa die allgemeine Überzeugung und Praxis war: dass der Adel neben der Kriegsführung als andere gesellschaftliche Funktion die Rechtsprechung habe.

Wie er diese Aufgabe ausfüllte, war sowohl von seinem Charakter und seinen Fähigkeiten abhängig wie auch von der Rechtspraxis jener Landschaft, in der er dieses Amt wahrnahm. Es gab (und gibt) zwei Überlieferungen, auf der solche Rechtspraxis basierte: das kodifizierte und das Gewohnheitsrecht. Beide sind nicht streng voneinander zu trennen, da das Gewohnheitsrecht Normen setzt, auf die sich spätere Entscheidungen berufen können und müssen, wie umgekehrt die Kodifizierung auf Gewohnheitsrechte zurückgreift, um sie zu fixieren. Die angelsächsische Gerichtsbarkeit kennt eine Kodifizierung im römischen Sinne bis heute nicht.

Römisches Recht ist die älteste und in manchem bis heute verbindliche Form der Kodifizierung. Im Mittelalter galt es uneingeschränkt in einem bestimmten sozialen Raum, nämlich in der Kirche, als kanonisches Recht. Der größere Teil der gesellschaftlichen Wirklichkeit erfuhr eine andere Rechtspraxis, die erst recht spät, in Deutschland etwa durch den Sachsenspiegel des Eike von Repgow um das Jahr 1230, seine Kodifizierung erfuhr. Vergleichbares geschah in anderen Ländern. Das weltliche Recht in Deutschland wie anderswo ging auf Stammesrecht zurück: fränkisches, überhaupt germanisches, daneben slawisches. Die Unterschiede konnten erheblich sein, was die Verfahrenspraxis ebenso wie die Art der Sanktionen betraf. Zur Verfahrenspraxis gehörte die Zusammensetzung des Gerichts. Oberster Richter war der Landesherr, der aber, bei minderen Fällen, diese Funktion delegieren konnte, an Mitglieder des niederen Adels, an die Vorstände von Städten und Dörfern. Ein Richter entschied kaum allein. Er hatte Beisitzer, Schöffen, Nebenrichter. Berufsjurist war von ihnen keiner. Rechtsprechung blieb ein Ehrenamt, was freilich nicht ausschloss, dass an die Richter Gelder flossen, zwecks Bestechung.

Gerichtsverhandlungen waren in aller Regel öffentlich. Damit war durch die Mittel der Publikumsäußerung und der Nachrede eine gewisse Aufsicht immerhin gegeben. Das Urteil selbst war unanfechtbar. Es gab nur diese eine Instanz. Urteilsschelte konnte dazu führen, dass vor der nämlichen Instanz nochmals verhandelt wurde. Erst im Spätmittelalter bestanden dann Möglichkeiten, ein Appellationsgericht anzurufen, in Anlehnung an römisches Recht.

Der Prozessablauf war wie heute noch üblich: Das Gericht hörte Kläger und Beklagte, anschließend beriet es sich und fällte ein Urteil. Ohne Klage gab es kein Verfahren. Auch dieser Grundsatz gilt bis heute.

Anders als heute gestaltete sich die Beweisaufnahme, bei der das faktische Zeugnis vergleichsweise wenig galt. Entscheidend wurde stattdessen der Eid, also die beschworene Wahrheitsversicherung. Man rief Gott an, der Schwörende verfluchte sich selber für den Fall eines Meineids, was schwer wog und gleichwohl immer wieder ignoriert wurde. War der Meineid offensichtlich, wurde die Schwurhand abgehackt.

Bei der Beweisaufnahme stand häufig Eid gegen Eid. Nicht unwichtig war, wer als Erster schwor, worüber im Einzelfall das Gericht entschied. Der Schwörende konnte sich einen Eideshelfer bestellen; man kann in ihm eine sehr frühe Form des Rechtsbeistands erkennen.

Als ordentlicher Berufsstand mit juristischer Ausbildung kam er erst im Spätmittelalter auf, unter dem Eindruck des römischen Rechts und dessen Rezeption auch im weltlichen Rechtswesen. Voraus ging ihm der Fürsprecher, der eine Prozesspartei unterstützte und der als «Vorspreke» im Sachsenspiegel erwähnt wird. Der Fürsprecher musste männlich sein und konnte anstelle des Beklagten das Wort ergreifen. Dafür, dass er es durfte, war das förmliche Einverständnis der Gegenseite erforderlich.

Der professionelle Jurist war, ebenso wie der Notar, ausgebildet an einer Rechtsschule oder Universität. Er vertrat als Procurator, Solicitor, Barrister, Advokat oder Anwalt (so die Berufs- und Funktionsbezeichnungen in verschiedenen Ländern) eine der Rechtsparteien und tat dies gegen Entlohnung. Außerhalb des Prozessverfahrens konnte er rechtliche Ratschläge erteilen.

Mittelalterliche Urteile gingen von dem Grundsatz aus, dass Schäden und Verluste vom Verursacher in vollem Umfang zu ersetzen seien. Die Strafe konnte dinglich, finanziell oder als Frondienst beglichen werden. Bei schweren Delikten war das Todesurteil häufig, auch sonst konnte auf Strafen von beträchtlicher Brutalität erkannt werden. Es gab Prügelstrafen, Brandzeichen, man nahm Verurteilten Hände, Füße, Nasen, Ohren und Lippen ab, man blendete sie. Die Strafvollstreckung war anfangs dem erfolgreichen Kläger überlassen. Ab dem Hochmittelalter existierten hierfür Gerichtsdiener und bei Vollzug der Todesstrafe die

Strafen und Hinrichtungsarten im Mittelalter. Holzschnitt. 1508.

Henker. Die Hinrichtung erfolgte gewöhnlich am Galgen, in England auch als Vierteilung. Der Vollzug war jedes Mal ein großes öffentliches Schauspiel.

Im fünfzehnten Jahrhundert kamen Femegerichte auf. Sie waren eine rein deutsche Angelegenheit und hier allein im Münsterland gebräuchlich; es handelte sich um Freigerichte, zuständig für schwere Kriminalfälle, ihre Urteilsfindung geschah verhältnismäßig unabhängig und genoss überregionales Ansehen. Die Femerichter nahmen Klagen auch aus anderen Territorien entgegen und gelten deshalb als eine Vorform der späteren Reichskammergerichtsbarkeit. Ihre Prozesse liefen bald unter Ausschluss der Öffentlichkeit ab, was ihnen den Ruf des Geheimnisvollen eintrug.

Gleichermaßen teilt sich in ihrer Existenz eine Hinwendung zu richterlicher Unabhängigkeit mit, die schließlich in die von Montesquieu formulierte Gewaltenteilung münden sollte. Solche Vorformen existierten auch anderswo. In Frankreich bestand seit dem dreizehnten Jahrhundert das Parlament, ein von Pairs besetztes Adelsgericht, das zunehmend als oberste Instanz in Rechtsdingen fungierte und sich eine immer größere Unabhängigkeit zu verschaffen wusste. Auch das englische Parlament, Urmuster aller modernen Volksvertretungen, war zunächst, unter den Normannenherrschern, vornehmlich ein oberster Gerichtshof; die Erweiterung der Befugnisse in der Magna Charta stützte sich auf ebendiese Funktion.

Die allmähliche Hinwendung zu einer institutionalisierten richterlichen Unabhängigkeit fällt, auf den Britischen Inseln, in ebenjene Zeit. Die ständische Gerichtsbarkeit verlor an Bedeutung. Das *common law* mit seinen allgemein gültigen Regeln setzte sich durch, selbst gegenüber königlichen Gerichten. Urteilssammlungen wurden angelegt, die *yearbooks*; mehr und mehr galt für das gesamte Königreich die Rechtseinheit. Unter König Edward I. gab es sowohl einen eigenen Richterstand (mit umherreisenden Richtern) wie Anwaltsgilden, die *Inns of Court*, die ihre eigenen Ausbildungsstätten betrieben. Es entstand die Institution des Friedensrichters, des *judge of peace*, betraut mit der Schlichtung niederer Rechtsfälle, der als *juge de paix* dann auch in Frankreich aufkam. Mit dem 1268 verstorbenen Henry de Bracton, ausübender Richter und Justitiar am Hof des Königs, verfügte England über einen der großen Juristen des Mittelalters. Er war der Verfasser bedeutender Abhandlungen, und die heute in Großbritannien praktizierte Gerichtsbarkeit geht in vielem auf ihn zurück.

Henry de Bracton leistete für England, was in romanischen Ländern, zumal in Italien, schon selbstverständlich war: die Existenz von akademisch ausgebildeten Anwälten, die schriftliche Aussage vor Gericht, das schriftlich fixierte Urteil. Auch hier wirkte das römische Recht nach und behauptete sich damit längst nicht mehr nur im innerkirchlichen Bereich.

Die Bekämpfung von Häresie und Hexenwesen im Spätmittelalter förderte als eine neue und bald äußerst mächtige Einrichtung die Inquisition; *inquirere* war das Ermitteln eines Sachverhaltes «von Staats wegen». Es wurde folgenreich insofern, als hier erstmals das Verhör praktiziert wurde und als wichtiges Beweismittel für die Urteilsfindung nunmehr das Geständnis galt. Um es herbeizuführen, setzte sich die Folter durch.

Die Prozedur dafür war genau festgelegt. Man zeigte dem Delinquenten zunächst die Instrumente, danach begannen die einzelnen Torturen, die vermittels Spann-, Dreh- und Schraubgerätschaften körperliche Pein verursachten; die Kunst des Folterknechtes bestand darin, dass nach Möglichkeit kein Blut floss. Man hat der Folter nachgerühmt, sie sei ihrem Charakter zufolge urdemokratisch gewesen, da sie unabhängig vom Stand eines Beschuldigten zur Anwendung kam; dies ist ungefähr so richtig, als wolle man die Guillotine zu Zeiten der Terreur dafür preisen, das Revolutionsprinzip der Gleichheit besonders nachdrücklich durchgesetzt zu haben.

Inquisition und Folter hatten in den Ländern Europas eine recht unterschiedliche Bedeutung. England übernahm sie erst ab dem fünfzehnten Jahrhundert, ohne ihr jemals jene Ausmaße einzuräumen wie auf dem Kontinent. In Polen und Skandinavien gab es sie überhaupt nicht.

Recht und Gerechtigkeit, wir sagten es, sind zweierlei Ding. Wie weit sie damals im Bewusstsein der Zeitgenossen auseinanderfielen, auch im Zeichen der sich herausbildenden Rechtswissenschaften, beklagt ein Vagantenlied aus dem dreizehnten Jahrhundert:

Lärmend wird das Recht gelehrt, Christi Stimme endet.
Rechtsgelehrter Prahlerei sich vom Kreuz abwendet.
Zwischen Unkraut und Gestrüpp Weizen ist verkommen.
Gottes fleischgeword'nes Wort wird nicht mehr vernommen.

JEANNE D'ARC

Domrémy ist ein kleines Dorf in Lothringen. Die Region trägt ihren Namen nach Lothar, einem von den drei konkurrierenden Enkeln Karls des Großen, dem das zwischen Ost- und Westfranken gelegene Territorium einst im Vertrag von Verdun zugefallen war.

Die Landschaft ist überwiegend flach, der Himmel kalt, die Erde schwarz und schwer. Hier, in einem Bauernhaus, kam um das Jahr 1412 ein Mädchen zur Welt, das den Namen Jeanne erhielt. Ihr Vater Jacques d'Arc war ein vergleichsweise wohlhabender Landwirt, doch bedeutete das nicht allzu viel in einer Zeit und einem Land, wo ständig Söldnerhaufen umherzogen, die mit Überfällen und Plünderungen drohten.

Es war dies nur eine der Folgen jenes Kriegs, der bereits ein Dreivierteljahrhundert andauerte und noch weitere vierzig Jahre währen sollte. Geführt wurde er zwischen England und Frankreich. Die Schlachtfelder befanden sich ausschließlich auf französischem Boden.

Es ging um Frankreichs Thron. Auf ihn erhob das englische Königshaus Ansprüche, die mit verwandtschaftlichen Beziehungen begründet wurden und sich noch verschärften durch allerlei innerfranzösische Konflikte. Zunächst blieb England durchweg die militärisch erfolgreichere Kraft und besetzte das gesamte nördliche Frankreich bis zu den Ufern des Flusses Loire. Der französische Thronanwärter Charles, aus dem Hause Valois, war eine schwache Figur, unentschlossen, wankelmütig und launisch. Er hielt sich in der kleinen Ortschaft Chinon auf. Die Engländer standen vor Orléans. Wer diese Stadt kontrollierte, konnte die Loire überqueren und hatte damit Zugriff auf den französischen Süden.

Da war Jeanne d'Arc eben 13 Jahre alt. Sie betreute die Tiere des elterlichen Hofs und führte sie auf die Weide. Dort hatte sie mehrfach fromme Erscheinungen.

Es war dies nichts Ungewöhnliches in einer Zeit des katholischen Volksglaubens und der mystischen Exerzitien. Aufregend freilich, welche Botschaft die Visionen der kleinen Jeanne beinhalteten. Die drei Heiligen, die ihr erschienen, erteilten ihr den Auftrag, Frankreich von den Engländern zu befreien und anschließend den Thronfolger zum französischen König zu machen.

Derartige Visionen hatte sie mehrfach. Schließlich war sie bereit, ihnen Folge zu leisten. Jeanne ging aus Domrémy fort und in eine nahegelegene Stadt. Dort wollte sie den militärischen Kommandanten treffen, was ihr nach zwei vergeblichen Anläufen auch gelang. Sie trug ihr Anliegen vor. Tatsächlich brachte das Mädchen es fertig, den Mann von sich und seiner Mission zu überzeugen. Er stattete Jeanne mit einer Eskorte aus. Sie zog weiter. Unterwegs ließ sie sich von Geistlichen examinieren, die sie gleichfalls zu überzeugen wusste, und gelangte nach Chinon. Ein Empfehlungsschreiben verschaffte ihr Zutritt zum Thronfolger, den sie gleich derart beeindruckte, dass er ihr die Leitung bei der anstehenden Schlacht gegen die Engländer überließ. Es ging darum, die Belagerung von Orléans zu beenden. Jeanne legte Männerkleidung an und setzte sich auf ein Pferd. Es war wohl kaum ihre strategische Leistung, es waren vielmehr ihre Erscheinung, ihr Charisma, ihr unbedingter Wille, was die Franzosen mitriss. Das Bauernmädchen von eben fünfzehn Jahren führte das Heer des französischen Thronanwärters zum Sieg. Die Belagerung von Orléans endete, die Engländer zogen sich zurück.

Zwei Monate darauf stand Jeanne neben dem Altar der Kathedrale zu Reims, die der traditionelle Krönungsort der französischen Könige war. In der Hand hielt sie eine Fahne. Aus nächster Nähe konnte sie verfolgen, wie mit allem dabei üblichen Aufwand aus dem Thronfolger König Charles VII. von Frankreich wurde.

In der Folge wollte sie die Engländer noch aus Paris vertreiben, doch vorerst scheiterte sie damit. Der Misserfolg schadete ihrem Ruf. Unter dem Einfluss von Ratgebern entzog ihr König Charles seine Unterstützung; inzwischen beabsichtigte er, mit den Engländern einen Vergleichsfrieden zu schließen. Jeanne waren inzwischen zahlreiche Anhänger zugelaufen. Sie führte den Krieg auf eigene Faust weiter. Jetzt gelang ihr auch die Befreiung von Paris, doch kurz darauf fiel sie in englische Gefangenschaft und wurde vor ein kirchliches Tribunal gestellt.

Ort der Handlung war die Stadt Rouen in der Normandie. Hier regierten nach wie vor die Engländer. Den Gerichtsvorsitz führte der französische Bischof Cauchon, die Engländer hielten sich im Hintergrund. Der Prozess dauerte 14 Monate. In endlosen Verhören musste sich das Bauernmädchen gegen die Vorwürfe der Ketzerei, der Dämonen-Anbetung und des Mordes verteidigen, und sie tat es mit bewundernswertem Geschick. Alle Klugheit und alle Standhaftigkeit halfen ihr freilich nicht: In 12 von 67 Punkten der Anklage wurde sie am Ende für schuldig befunden. Das Urteil gegen sie lautete auf lebenslanger Kerkerhaft. Den Engländern war das zu wenig, sie beharrten auf Jeannes Hinrichtung. Ein neuer Prozess gegen sie begann und endete diesmal mit der Todesstrafe. Auf dem Marktplatz von Rouen wurde ein Scheiterhaufen errichtet. Viel gaffendes Volk fand sich ein. Die verurteilte Jeanne wurde herbeigebracht, sie wurde an einen von Brennhölzern umschichteten Pfahl gefesselt. Der Scheiterhaufen begann zu brennen. Die Flammen schlugen hoch und verschlangen das neunzehnjährige Bauernmädchen Jeanne d'Arc. Die Zuschauer liefen auseinander. Anderntags wurde die verbliebene Asche in den Fluss Seine gestreut.

24 Jahre lang bemühte sich die Mutter von Jeanne, das Verfahren wiederaufnehmen zu lassen. Im November 1455 hatte sie damit Erfolg. Inzwischen war Frankreich von englischer Besatzung weitgehend frei. König Charles VII., in dessen Macht es einst gestanden hätte, die lebende Jeanne von den Engländern freizukaufen, sorgte nunmehr dafür, dass die tote Jeanne rehabilitiert wurde. Längst war sie beim Volk zu einer mythischen Größe geworden, und so bedeutete es für den König einen Vorteil, sich öffentlich und uneingeschränkt zu ihr zu bekennen.

Kaum zählbar die Spiegelung ihrer Geschichte in den Künsten. Der Ire George Bernard Shaw hat ein Drama über sie geschrieben und lässt sie dort sagen:

«Ich bin immer ein Raubein gewesen – ein richtiger Soldat. Ich hätte fast ebenso gut ein Mann sein können. Schade, dass ich es nicht war. Ich hätte euch allen dann nicht so viel zu schaffen gemacht.»

ZWISCHEN ICHBEWUSSTSEIN UND ALLTAGSPFLICHT

Der niederländische Kulturhistoriker Johan Huizinga beginnt sein Buch «Herbst des Mittelalters», dessen Titel zu fast sprichwörtlicher Geläufigkeit gedieh, mit diesen Sätzen:

«Als die Welt noch ein halbes Jahrtausend jünger war, hatten alle Geschehnisse im Leben der Menschen viel schärfer umrissene äußere Formen als heute. Zwischen Leid und Freude, zwischen Unheil und Glück schien der Abstand größer als für uns; alles, was man erlebte, hatte noch jenen Grad von Unmittelbarkeit und Ausschließlichkeit, den die Freude und das Leid im Gemüt der Kinder heute noch besitzen. Jede Begebenheit, jede Tat war umringt von geprägten und ausdrucksvollen Formen, war eingestellt auf die Erhabenheit eines strengen, festen Lebensstils. Die großen Ereignisse Geburt, Heirat, Sterben standen durch das Sakrament im Glanz des göttlichen Mysteriums. Aber auch geringere Geschehnisse, eine Reise, eine Arbeit, ein Besuch, waren von tausend Segnungen, Zeremonien, Sprüchen und Umgangsformen begleitet. Für Elend und Gebrechen gab es weniger Linderung als heutzutage, sie kamen wuchtiger und quälender. Krankheit schied sich stärker von Gesundheit; die schneidende Kälte und das bange Dunkel des Winters waren wesentlichere Übel. Ehre und Reichtum wurden inbrünstiger und gieriger genossen, sie unterschieden sich noch schärfer als heute von jammernder Armut und Verworfenheit.»

Auf die soziale Lage der Unterschichten geht Huizinga im Folgenden kaum ein, doch trifft, was er da eher allgemein formuliert, gleichermaßen auf sie zu. Das Leben war vor allem Gegenwart. Die Gegenwart war das Leben. Erinnerungen waren flüchtig, und jene formalisierte kollektive Erinnerung, die wir Geschichte nennen, fand sich damals erst in dürftigen Ansätzen. Sie blieben beschränkt auf einen kleinen Kreis von Spezialisten, die Schriftkundigen, die sie ihrerseits keinesfalls wertfrei benutzten, vielmehr häufig gezielt zum höheren Zweck von aktualpolitischen Strategien.

Von daher leitet sich auch der sehr unterschiedliche Zustand dessen ab, was wir individuelles Bewusstsein oder Bewusstsein von der eigenen Individualität nennen. Dass es während des gesamten Mittelalters völlig gefehlt habe und erst ein Ergebnis der Renaissance sei, lässt sich in dieser zugespitzten Form nicht halten, dazu sind die Zeugnisse von Ich-Gefühl und Eigenpersönlichkeits-Bewusstsein bereits seit dem frühen Mittelalter zu zahlreich. Zwar traten sie zunächst im Gewand christlicher Reflexion auf, aber spätestens die säkulare Dichtung des Hochmittelalters streifte dieses religiöse Gewand völlig ab. Freilich, es handelte sich bei alledem um Erscheinungen einer zahlenmäßig sehr schmalen Oberschicht; im Zeitalter der Renaissance würde sich daran nicht allzu viel ändern. Immerhin sickerten bestimmte Kenntnisse, Erkenntnisse und Emotionen auch in die sozialen Unterschichten ab, in dem einen Zeitalter wie in dem anderen.

Welches Bewusstsein besaß ein mittelalterlicher Mensch also von sich selbst? Viel Zeit zum Nachdenken blieb ihm nicht. Die Härte und Unerbittlichkeit des Alltags zwangen ihn zu einem unbedingten Dasein im Hier und Jetzt. Kollektive Erinnerung war vor allem praktische Erfahrung im Umgang mit der eigenen Tätigkeit, individuelle Erinnerung war gebunden an das, was man als tote und lebendige Umgebung vor sich hatte: Familie und Haus. Dass alles Leben auf den Tod hinlief und nach dem Tode ein womöglich besseres Leben begann, war die von der Kirche emsig gepredigte Überzeugung. Schicksalsschläge erfolgten unverhofft: Krankheit und Unwetter, Hunger, Krieg und Verwüstung, man musste sich fügen, Gott hatte es so gewollt. Dinge wie Alter und überhaupt die Zeit blieben sehr ungefähr. Wie alt man selbst war, ließ sich am Verschleiß des eigenen Körpers ablesen, an Runzeln, an sich verbrauchenden Zähnen, an der Verfärbung des Haars, an der fortschreitenden Krümmung des Rückens und an nachlassender Kraft.

Über die materielle Situation der Bauernschaft im mittelalterlichen Europa insgesamt existieren sehr unterschiedliche Vermutungen. Es gibt Autoren, die während der Zeit zwischen 800 und 1400 von einer in etwa gleichen Ausstattung ausgehen, was die Ernährung betrifft; andere sprechen von einem relativen wirtschaftlichen Höhepunkt zwischen 1200 und 1300 und einem anschließenden Niedergang.

Eindeutige Entscheidungen lassen sich schwer treffen, da Ausgangspunkt und Quellenlage zu verschieden sind, die Zeugnisse kommen eher zufällig, mit einer deutlichen Vorliebe fürs Außergewöhnliche und da zumal für das Katastrophale, *bad news is good news*, die Formel galt schon für das Mittelalter. Von daher sind die Dokumente fast beliebig interpretierbar; Einigkeit besteht allein darin, dass es ab dem vierzehnten Jahrhundert allgemein zu sehr schweren wirtschaftlich-sozialen Erschütterungen kam, unter denen entsprechend ihrem Anteil an der Gesamtbevölkerung und ihrer Stellung in der Hierarchie die Bauern besonders zu leiden hatten.

Dies drückte sich aus im Schwanken der Getreidepreise, für das wiederum die immer mächtiger wirkende Geldwirtschaft auch im ländlichen Raum mitverantwortlich war. Abgaben an den Grundherrn erfolgten jetzt nicht mehr allein in der Form von Naturallieferungen, sondern vor allem von Geldzahlungen. Fallende Getreidepreise führten ihrerseits zu sinkenden Einkünften bei den Grundherren, doch natürlich ebenso bei den Produzenten selbst, wenn sie ihre landwirtschaftlichen Produkte auf den Märkten umschlugen.

Für Frankreich liegen aus dieser Zeit besonders genaue Angaben vor.

Zwischen 1375 bis 1450 sanken die Getreidepreise um mehr

als die Hälfte, Grund war die geringere Nachfrage bei zunächst gleichbleibendem Angebot. Dabei stiegen die Ausgaben für das Personal, da Arbeitskräfte eben wegen des Bevölkerungsrückgangs nicht mehr beliebig zur Verfügung standen, Lohnknechte mithin teurer wurden. Das alles führte dazu, dass unrentable Böden aufgegeben wurden, jedenfalls für die Feldbestellung, allenfalls dienten sie jetzt als Weideflächen, was zu einem deutlichen Anstieg der Viehhaltung führte. Man hat nachgewiesen, dass im Spätmittelalter erheblich mehr Fleisch verzehrt wurde als zuvor, möglich geworden durch das reichliche und damit preisgünstige Angebot. Anstelle des Getreides konnte man auch auf andere Kulturen ausweichen, auf Flachs für die Textilherstellung, auf Hopfen für das Braugewerbe, auf Obstanbau, auf Krapp und Waid, das waren zum Textilfärben nutzbare Pflanzen.

Wie auch immer: Das relative Gleichmaß, das die wirtschaftliche Situation im zwölften Jahrhundert noch ausgezeichnet und eine relative Stabilität im agrarischen Bereich bewirkt hatte, war unwiderruflich dahin.

Von der Aufgabe unrentabler Böden war die Rede. In Europa ging insgesamt die Zahl der bäuerlichen Siedlungen zurück. Betrugen sie um 1300 in den Gegenden zwischen Weichsel und Rhein etwa 170 000, so würden es 200 Jahre später 40 000 weniger sein. Manche Gebiete waren davon besonders hart betroffen, so das nördliche Brandenburg und das Thüringer Becken, wogegen andere Regionen, etwa am Niederrhein, relativ geringe Rückgänge aufwiesen.

Dieser Vorgang der Devastierung, also die vollständige Aufgabe vorher besiedelter und agrarisch genutzter Flächen, ließ sogenannte Wüstungen zurück. Man muss unterscheiden zwischen Ortswüstungen, wo zwar die Gehöfte eines Dorfes aufgegeben, die vorhandenen Äcker aber von Nachbargemeinden weiter genutzt wurden, und Flurwüstungen, wo die Devastierung auch die Feldflächen betraf. Ursachen dafür waren außer dem Bevölkerungsrückgang sogenannte Fehlsiedlungen: Böden, etwa im Gebirge oder auf zu sandigen Flächen, lohnten wegen der zu geringen Erträge, die auf ihnen erzielt wurden, eine weitere Nutzung nicht mehr. In Einzelfällen mochte die intensiver gewordene Nutzung ertragreicher Flächen zur Aufgabe von weniger fruchtbaren Äckern führen. Auch von Geldwirtschaft und Geldzahlungen war schon die Rede. Die monetär zu entrichtenden Grundeinkünfte waren nominell festgelegt. Der Geldwert aber sank ständig, wegen des immer schlechteren Edelmetallgehaltes der Münzen. Konsequenz von alledem wurde eine fortschreitende Verarmung nun auch der Grundherren, der sie mit einer Erhöhung der Abgaben der ihnen hörigen Bauern zu begegnen suchten, was wiederum zur Verschärfung von deren sozialer Lage beitrug. Kaiser Karl IV. verbot bereits im Jahr 1355 in Görlitz und Bautzen die Erhöhung der Steuern und gab seinen Landvögten Anweisung, dass sie den Adel notfalls mit Gewalt daran hinderten. Wenn solcherart die gesellschaftlichen Eliten einander in den Arm fielen, vermag dies auszuweisen, wie verzweifelt die allgemeine Situation inzwischen geworden war.

AUSSENSEITER

Einer der wichtigsten mittelalterlichen Denker war Isidor von Sevilla. Er lebte auf der Wende vom sechsten zum siebten Jahrhundert, war Bischof in dem damals von Westgoten beherrschten Andalusien und verfasste die zwanzig Bände seines «Etymoloiarum sive originum», das als ein frühes Universallexikon gelten darf; Isidor war sozusagen ein frühmittelalterlicher Enzyklopädist. Er wurde viel gelesen und kopiert, die gesamte Epoche hindurch und in allen Klöstern des Kontinents; auf ihn geht unter anderem der mittelalterliche Bildungskanon zurück, bestehend aus dem literarischen Trivium – Grammatik, Rhetorik, Dialektik – und dem mathematischen Quadrivium: Arithmetik, Geometrie, Astronomie und Musik.

Isidor hat in seinem Lexikon auch eine Charakteristik des gesellschaftlichen Außenseiters gegeben. Dessen Existenz nennt er das *exilium*, was er ableitet von *extra solum*, außerhalb von Grund und Boden, zu ergänzen ist: des heimatlichen Landes. Dahinter steht die Vorstellung, der Mensch könne nur dort wirklich sein und sich entfalten, wo er zu Hause ist, wo seine Verwandtschaft lebt, wo es gewachsene Beziehungen gibt.

Das Außenseitertum kann vielerlei Gestalt haben. Es mag sich durch bestimmte Handlungen und Haltungen herstellen, durch Krankheiten und körperliche Missbildung, durch verschuldetes oder unverschuldetes soziales Deklassement.

Letzteres gilt für die Armut. Sie war im Mittelalter weit verbreitet. Der frühere polnische Solidarność-Aktivist und Außenminister Bronisław Geremek war von Beruf Historiker und hat eine umfangreiche «Geschichte der Armut» verfasst.

Dort heißt es:

«Die Armen kennen ihre Stellung und Funktion innerhalb der gesellschaftlichen Ordnung, geben sie doch anderen die Möglichkeit, sich durch mildtätige Werke das Heil zu ‹verdienen› … Das Almosen ist ein Mittel zur Abbüßung der Sünden, und so bedeutet das Vorhandensein von Armen in der christlichen Gesellschaft, dass der Heilsplan sich erfüllt.»

Was nichts anderes heißt, als dass Armut als gegeben und unabänderlich akzeptiert wird, von den Betroffenen selbst wie von der übrigen Gesellschaft. Zugleich wird der Weg eines minimalen materiellen Ausgleichs gewiesen: Es ist das Almosen, dessen Vergabe gottgefällig ist und der Tugend der *misericordia*, des tätigen Mitleids, entspricht. Dahinter steht eine Überzeugung, die man modern eine Soziallehre nennen könnte; ihre Begründung findet sich in einem theologischen Text jener Epoche: «Gott hätte alle Menschen reich erschaffen können, aber er wollte, dass es auf dieser Welt Arme gibt, damit die Reichen Gelegenheit erhalten, sich von ihren Sünden freizukaufen.» Es handelt sich um die theologische Beschwichtigung des sozialen Status quo.

Hinzu kommt, dass die Armut, vorgeführt durch etliche Mönchsorden, eine förmliche Tugend sein konnte. Sie war eine Annäherung an die Bedürfnislosigkeit Christi und seiner ersten Anhänger. Besitz, gar Reichtum, war allzu irdisch. Der heilige Franziskus hatte sich, fromm geworden, mit der Schale in der Hand von Haustür zu Haustür begeben, um sich sein Essen zu erbitten. Mönchsgemeinschaften, die seinem Beispiel folgten, nannten sich demonstrativ Bettelorden und handelten entsprechend.

Es gab eine Art Ethos der Armut. Sie mochte jene, die davon betroffen waren und sich ihr freiwillig ergaben, innerlich aufrichten, angenehm war sie gleichwohl nicht. Außerdem gab es auch Kritik an der Armut, deren Vorhandensein offenbar als ein störendes Ärgernis empfunden wurde. Ein französischer Dichter, Jean Le Fèvres, schrieb im vierzehnten Jahrhundert:

Au voir dire
Nuls homs ne doit le pauvre faire
S'il a cequi est necessaire.

(Wahrhaftig, kein Mensch sollte den Armen spielen, sofern er das Notwendige hat.) Man mag darin eine indirekte Kritik an den Vertretern der Bettelorden sehen. Außerdem herrschte im christlichen Mittelalter immer auch die Meinung, irdischer Wohlstand könne so etwas wie ein Ausfluss von Gottesgnade sein.

Über die Ausmaße von Armut lassen sich nur ungefähre Vorstellungen machen. Das beginnt bereits bei der Festlegung dessen, wo Armut eigentlich beginnt. Die übliche Definition lautet, sie sei ein Zustand gravierender sozialer Benachteiligung, in der Folge einer Mangelversorgung mit materiellen Gütern und Dienstleistungen. Die Definition entstammt der Moderne. Wohlhabende des Mittelalters konnten nach heutigen Maßstäben unbegütert und bettelarm sein.

Es gab Zeiten und Gegenden, da die Armut grassierte, Menschen massenhaft darben mussten, bis zu ihrem Tod durch Hunger oder Erfrieren. Genauere Zahlenangaben sind freilich selten. Das 1355 aufgesetzte Testament eines Bürgers der reichen Hansestadt Lübeck sah die Verteilung von Almosen vor. Es bezifferte die Zahl der Bedürftigen mit 19 000. Die Gesamtzahl der Lübecker Einwohner zu jener Zeit betrug kaum 24 000.

Gesellschaftliche Außenseiter infolge ihrer Handlungen waren Prostituierte, Spielleute, Gaukler, Komödianten und Diebe. Sie alle konnten sich, in Anlehnung an die Praxis der städtischen Zünfte, zu eigenen Gilden zusammenschließen. Die von François Villon erlebten und beschriebenen Diebesgilden gehören hierher.

Dann gab es die wilden Männer. Sie lebten in Wäldern, suchten keinerlei sozialen Kontakt, waren manchmal geistig verwirrt und lebten in sozusagen säkularisierter Form das Dasein der frommen Einsiedler, die das Christentum seit jeher kannte und die älter waren als die Mönchsgemeinschaften, in denen sich manche von ihnen dann zusammenfanden.

Die Existenz Satans und seiner Gehilfen war biblisch begründet. Man hatte feste Vorstellungen von Dämonen und Hexen. Geisteskranke waren offenbar besessen, man mied sie, ebenso wie von Aussatz und körperlicher Entstellung befallene Personen.

Das Christentum hatte bei seiner Ausbreitung frühere Religionen verdrängt oder überlagert, bei denen es mancherlei magische Praktiken gab. Zumal die Kelten waren darin höchst erfinderisch. Mit den Massentaufen des Frühmittelalters war das alles nicht verschwunden, sondern hielt sich heimlich weiter. Übersinnliche Erscheinungen und Möglichkeiten sickerten ein in das Geistesleben und hielten sich dort, teils von der Amtskirche geduldet, teils von ihr wütend bekämpft. Hier sind die Ursprünge von Zaubersprüchen, Amuletten und allen Formen der Magie zu suchen, von Weissagung, Traumdeutung, von Zaubersäften und -salben. Man suchte das Wetter zu beeinflussen, die Ernte, die Gesundheit, das Schicksal der eigenen Person oder von Fremden.

JUDENVERFOLGUNG

Unter die Verursacher der europäischen Pestepidemie nach dem Jahr 1364 wurden die Juden gerechnet. Hebräer, hieß es in Gerüchten, hätten die Brunnen vergiftet, um damit der Seuche weitere Opfer zuzuführen. Zumal die Geißelbrüder taten sich als begeisterte Judenverfolger hervor. In Konstanz und Solothurn, in Basel, Straßburg und Köln wurden Juden zusammengetrieben, erschlagen oder in ihren eigenen Häusern verbrannt. Die Verfolgungen endeten auch nicht, als die Seuche abgeklungen war.

Judenverfolgungen waren eine Erscheinung erst des Hoch- und Spätmittelalters, und sie würden im gesamten Europa wirksam sein. Judengemeinden gab es hier seit langem, seit den Tagen der römischen Kolonisation, seit der Zerstörung des Jerusalemer Tempels im Jahre 70 n. Chr., nach der Niederschlagung des Aufstandes von Simon bar Kochba. Damals begann die jüdische Diaspora. Hebräische Sklaven, Legionäre und Handwerker gelangten in sämtliche Regionen des Römischen Reiches, auch nach Gallien, auf die Iberische Halbinsel, nach Germanien.

Sie hielten fest an ihrer Sprache, ihrer Kultur und ihrer Religion. Die ersten monotheistischen Gottesdienste in Europa waren die mosaischen.

Im ethnisch buntgescheckten Riesenreich der Merowinger und Karolinger galten die Juden als sprachgewandte und gebildete Leute, tätig in vielerlei Berufen. Im elften Jahrhundert hatten Städte wie Worms, Mainz, Speyer und Prag große jüdische Gemeinden. Juden durften Waffen tragen. Sie konnten Landeigentum haben und waren Winzer, sie betätigten sich als Ärzte, Diplomaten und Handwerker, sie verliehen Geld gegen Zins, was den Christen verboten war, die gleichwohl sich dieser Finanzierungsquelle bedienten, voran die Herrscher.

Spannungen freilich gab es schon früh. Sie waren zunächst theologisch bedingt. Konfrontativ waren gleichermaßen die jüdische Religion und der dritte Monotheismus, der Islam. Unter der Maurenherrschaft auf der Iberischen Halbinsel sahen sich die Juden, wie die Christen, allerlei restriktiven Auflagen und Gesetzen unterworfen, genaue Kleidervorschriften unterschieden sie von der übrigen Bevölkerung, als Erkennungszeichen dienten gelbe Flicken am Ärmel (die Christen trugen die Flicken in Dunkelblau). Auf bestimmte Tätigkeiten oder gesellschaftliche Nischen waren sie indessen nicht beschränkt, vielmehr in fast sämtlichen Berufen und allen sozialen Ständen vertreten, und als «Volk des Buches» wurden sie von den Muslimen respektiert.

Das zehnte und elfte Jahrhundert brachte eine Hochblüte des spanischen Judentums in Kultur und Wissenschaft. Eines der frühen Zentren jüdischer Gelehrsamkeit und arabischer Kultur befand sich in Córdoba, die erste jüdische Gelehrtenschule Spaniens entstand hier, und aus Córdoba stammte der berühmteste jüdische Philosoph des Mittelalters, Moses Maimonides.

Toledo wurde im zwölften und dreizehnten Jahrhundert ein wichtiges Zentrum jüdisch-christlicher Kultur in Europa. Hier gründete der Erzbischof Don Raimundo aus Juden und Christen eine Übersetzerschule, hier erlangten jüdische Gelehrte hohe Positionen in Staat und Gesellschaft, Barcelona bildete ein Zentrum talmudischer Gelehrsamkeit, und im spanisch-provenzalischen Grenzgebiet entstand die sogenannte prophetische Kabbala, eine Sammlung von Bibelkommentaren und Erzählungen. Das Buch gehört zu den wichtigsten theologischen Sammelwerken des Judentums.

Man duldete einander, in Spanien wie im übrigen Europa, was in der Praxis auf die Duldung einer Minderheit durch die Mehrheit hinauslief. Solche Duldung konnte jählings enden. Als 1084 Mainz von einem Brand heimgesucht wurde, überfielen die Betroffenen in ihrer Verzweiflung die Juden. Die Sache ging vergleichsweise glimpflich ab. Die Überfallenen flohen nach Speyer, wo der dortige Bischof sie aufnahm und mit einer für sie besonders vorteilhaften Gesetzgebung privilegierte.

Die ersten umfassenden Judenverfolgungen geschahen in Frankreich, im Zusammenhang mit den Kreuzzügen. Ein Judenfresser von Format war der Aristokrat und spätere Jerusalemfahrer Gottfried von Bouillon: Er wollte das Blut Christi an den Hebräern rächen. Peter von Amiens, der mönchische Kreuzzugspropagandist, trug den blutigen Antijudaismus nach Deutschland, wo er fortan nie mehr verschwinden würde. Die Juden verloren viele ihrer vorher selbstverständlichen Rechte. Sie wurden in eigene städtische Quartiere abgedrängt, durften keine Waffen mehr tragen und waren äußerlich gekennzeichnet durch obligatorische Bekleidung, einen spitzen Hut und einen gelben Stofffetzen, den Judenfleck; offenbar lieferte hierfür Spanien das Vorbild. Der Judenfleck kehrte sehr viel später wieder als gelber Stern im Regime Adolf Hitlers.

1311 forderte der spanische Klerus, unter dem Einfluss des Konzils von Vienne, die Entfernung der Juden aus sämtlichen Staatsämtern. Er forderte die Trennung der christlichen von den jüdischen Lebensbereichen, die Aufhebung des Zeugnisrechtes für Juden und ihre öffentliche Kenntlichmachung durch Tragen eines Abzeichens. 1391 stürmte der von der Kirche aufgehetzte Pöbel das Judenviertel Sevillas; die Bewohner, sofern sie nicht den Tod fanden, wurden als Sklaven verkauft oder mussten sich der Zwangstaufe unterziehen; die Zwangstäuflinge hießen *conversos* oder Marranen, was Schweine bedeutet. Ab 1391 wurden die Juden staatsoffiziell verfolgt. Nunmehr hatten sie ausschließlich die Wahl zwischen Hinrichtung und Zwangstaufe.

Im Jahre 1235 kam es erstmals in Deutschland zum Vorwurf des Ritualmords: Das Gerücht lief um, Juden hätten Kinder geschlachtet und deren Blut abgezapft, um es als Heilmittel zu verwenden. Noch später erfolgten Beschuldigungen wegen vorgeblicher Hostienschändung. Die Opfer der Verfolgungen, die daraufhin einsetzten, werden durch einen christlichen Chronisten auf 100 000 geschätzt, hebräische Klagelieder nennen 20 000.

In anderen Ländern geschah Vergleichbares, und manchmal waren die Konsequenzen noch radikaler. Kirchengesetze führten zum Verbot des Talmud und zu dessen öffentlicher Verbrennung. In England kam es zu einer endgültigen Vertreibung aller Juden, unter König Eduard I. folgte Frankreich diesem Beispiel. Große Teile der deutschen Judenheit flohen nach Osten, in slawisches Gebiet, wo sie eine eigene, aus Hebräisch, Mittelhochdeutsch und Polnisch gemischte Sprache entwickelten, das Jiddische. Solche Mischdialekte finden sich ebenso westlich von Oder und Elbe, zumal in der alten Judenlandschaft Franken, etwa das noch bis ins zwanzigste Jahrhundert lebendige Lachodisch, das oberfränkische Christen und Juden gleichermaßen gebrauchten.

Auch in anderen Gegenden Europas existierte weiterhin jüdisches Leben, allen Bedrohungen, Verfolgungen und Diskrimi-

Darstellung eines angeblichen Ritualmords. Holzschnitt von
Michael Wolgemut. 1493.

nierungen zum Trotz. Zu jenen vergleichsweise freien Lebensformen, wie sie das frühe Hochmittelalter gekannt hatte, kam
es freilich kaum. Fast überall, selbst im aufgeklärten Oberitalien,
lebten die Juden in Städten und dort in besonderen Quartieren,
die dafür verwendete Bezeichnung Ghetto stammt aus Venedig.
Die Zustände in den Judenvierteln waren oft noch beengter und
damit unhygienischer als in den christlichen Gassen. Die Tore
zum Ghetto wurden abends abgeschlossen. Die Berufswahl war
eingeschränkt auf das Geldgewerbe, auf den Handel und auf wenige mindere Handwerke.

Ein jüdisches Klagelied jener Jahre enthält diese Zeilen:

O Himmel, sind wir denn schlimmer als andere Völker?
Ist aus Erz unser Leib,
Ist denn unsere Kraft die Kraft eines Steins,
Können wir so schweres Unheil tragen?

EUROPA UM 1450

Konstantinopel fiel an die Osmanen. Ganz Kleinasien und der gesamte südliche Balkan waren jetzt türkisch. Nach tausend Jahren hörte das byzantinische Reich auf zu bestehen. Der Hundertjährige Krieg zwischen England und Frankreich ging zu Ende. Die Briten verloren allen Landbesitz auf dem Festland. Daheim kämpften die Häuser York und Lancaster um den Thron.

Portugal eroberte die Azoren. Der maurische Besitz in Spanien schrumpfte weiter. Isabella von Kastilien wuchs auf, später die erste Königin Spaniens. Polen lag im Dauerkonflikt mit dem Deutschritterorden. Das orthodox-christliche Moskau wurde zum «Dritten Rom». Moskaus Großfürst Iwan erstrebte den Zarentitel. Fünf verfeindete italienische Teilstaaten schlossen Frieden. In Deutschland regierte mit Friedrich III. der zweite Kaiser aus dem Hause Habsburg. In Mainz erfand Johann Gutenberg den Buchdruck.

KASIMIR DER GROSSE

Auf dem Rynek, dem Hauptmarkt von Krakau, steht die gotische Marienkirche, deren Hochaltar in seinem Mittelschrein die Himmelfahrt der Mutter Gottes darstellt. Die Figuren sind vollplastisch, farbig und überlebensgroß. Geschaffen hat sie der aus Nürnberg stammende Bildschnitzer Veit Stoß, Entstehungszeit um die Jahre 1477 bis 1484.

Dass Künstler von einem Land zum anderen zogen, war zu jener Zeit nicht unüblich. Der mit Veit Stoß in etwa generationsgleiche Maler Bernt Notke wurde in Pommern geboren und hat in Lübeck, Stockholm, Estland und Flandern gemalt. Dessen ungeachtet war der polnische Aufenthalt von Stoß keine ganz zufällige Arbeitssituation: In Krakau existierte zu jener Zeit eine große deutsche Kolonie, deren Kopfzahl mehr als ein Drittel aller Einwohner umfasste. Die Marienkirche mit dem Stoß-Altar diente ihnen als Gotteshaus.

Dabei war Krakau schon seit mehr als vier Jahrhunderten Hauptstadt des Königreichs Polen. Auf dem Wawel, dem Felsen über einer Biegung des Flusses Weichsel, erhoben sich Burg und Palast der polnischen Herrscher, in der zugehörigen Kathedrale wurden sie gekrönt und nach ihrem Ableben beigesetzt. Das Grabmal eines von ihnen, Kasimirs IV., hat während seines Krakauer Aufenthalts Veit Stoß geschaffen.

Krakau blieb polnische Königsresidenz, bis diese Funktion auf Warschau überging. Dabei war es nicht die erste polnische Hauptstadt gewesen, die hieß vielmehr Gniezno oder Gnesen, eine Stadt östlich von Posen. In Gniezno residierte jener Herzog Mieszko I., der während seiner Herrschaft von 960 bis 992 mehrere westslawische Stämme zu einem einheitlichen Staatswesen zusammenzuführen verstand; anders als andere slawische Völkerschaften übernahmen sie, wie die Tschechen, das Christentum in seiner römisch-katholischen Gestalt.

Hauptstadtfunktion erhielt Krakau unter einem König, der als Erster den Namen Kasimir trug, mit Beinamen der Erneuerer. Der Zuzug von Deutschen setzte zu jener Zeit ein und würde sich die folgenden Jahrhunderte fortsetzen. Eine besonders intensive deutsche Ansiedlung geschah unter dem dritten König mit Namen Kasimir.

Die historische Relieffigur, die ihn darstellt, zeigt einen vollbärtigen Mann, der neben einem Wappenschild mit dem polni-

schen Adler kniet. Auf den Kopf trägt er die Krone und in den
Händen ein Architekturmodell. Die Darstellung ist keine leere
Huldigung. Kasimir war eine der ganz bedeutenden Personen
des europäischen Mittelalters.

Seine Machtpolitik unterschied sich nicht wesentlich von der
anderer europäischer Herrscher, doch anders als die meisten
hatte er damit fast durchweg Erfolg. Dabei ging es um die Si-
cherung von Territorialbesitz, was teils durch Kriege, teils durch
Verhandlungen, teils durch Heirat zu bewirken war. Es ging um
einen Friedensschluss mit dem ebenso mächtigen wie aggressi-
ven Deutschritterorden, der Ostpreußen beherrschte. Das Abkommen kam zustande, Kasimir sicherte sich darin den Besitz
von Masowien, Schlesien und Ruthenien. Das Herrschaftsgebiet,
das ihm schließlich unterstand, zählte zu den größeren auf dem
Kontinent, was dem König bei seinen Zeitgenossen einen ange-
messenen Respekt eintrug.

Seine Handlungen erschöpften sich nicht in territorialer Ex-
pansion. Kasimir reformierte die Verwaltung seines Staates und
machte sie effizient, ordnete das Steuerwesen und kümmerte
sich um ein einheitliches Münzsystem. Er führte eine allgemein
gültige Rechtspraxis ein, wozu er ein Gesetzbuch aufsetzen ließ,
das erste in Polen, und veranlasste das Besiedeln von Wüstungen, neue Dörfer und Städte entstanden. Auch hatte er ein Herz
für die Bauern, förderte Handwerk und Gewerbe, hielt auf Kunst,
Kultur und Bildung, mit der Universität Krakau gründete er die
überhaupt zweite dieser Art von Hochschulen in Mitteleuropa
nach jener in Prag.

Als, auch in der Folge der Pestepidemien, die jüdischen Gemeinden westlich der Oder immer stärkeren Verfolgungen ausgesetzt waren, holte er Juden in sein Land, und da zumal in die
Gegend von Krakau. Zu den mehreren Geliebten, die er sich
hielt, gehörte eine schöne Jüdin, Esther, die ihm jenen Sohn gebar, zu dem er es in seinen insgesamt drei Ehen nicht brachte.

Thronerbe konnte ein königlicher Bastard üblicherweise nicht werden. Kasimirs Nachfolge trat, noch von ihm selbst so geordnet, sein Neffe an.

Kasimir war klug, geschickt, machtbewusst und erfolgreich. Er liebte den Prunk und das Leben. Er war das, was ein mittelalterlicher Herrscher idealerweise erreichen konnte, was viele erstrebten und was nur wenigen gelang. Als einziger König seines Landes trägt er den Beinamen «der Große». Für das polnische Geschichtsbewusstsein ist er eine eminent wichtige Figur bis zum heutigen Tag.

KETZER- UND HEXENVERFOLGUNG

Montaillou war ein 250-Seelen-Dorf in den französischen Pyrenäen, zugehörig der Grafschaft Foix. Es lag einigermaßen isoliert und bewahrte seine kulturellen Besonderheiten. Im Jahr 1320 begann Jacques Fournier, Bischof von Pamiers, zu dessen Diözese Montaillou gehörte, in seiner Eigenschaft als kirchlicher Inquisitor eine ausgedehnte Untersuchung gegen die Dorfbewohner. Sie dauerte insgesamt sieben Jahre. 578 Vernehmungen fanden statt, 114 Angeklagte waren verwickelt, entdeckt und belegt wurden die sexuellen Ausschweifungen eines Schäfers, die Willkür und Herrschsucht eines Geistlichen, die romantischen Neigungen einer Aristokratin. Hauptsächlich galt die Untersuchung einer Spielart der christlichen Religion, die man seit einem Menschenalter ausgerottet wähnte, die sich in jenem Pyrenäendorf freilich gehalten hatte. Montaillou war eine Katharergemeinde.

Der Name Katharer geht auf das griechische *katharós* zurück, was «rein» bedeutet; das deutsche Wort «Ketzer» leitet sich seinerseits davon ab, und was es bezeichnet, betraf gleichermaßen die Katharer: Sie waren Abweichler, Häretiker, sie vertraten ein

Christentum, das von der Amtskirche verbannt und blutig verfolgt worden war. Die Katharer anerkannten weder Taufe noch Ehe. Rein, göttlich vollkommen war ihnen ausschließlich das Spirituelle, dem sie sich durch strikte Askese annähern wollten, was sich allerdings erst nach dem Ableben völlig erreichen ließ. Alles Irdisch-Materielle galt als schlecht und verderbt, als unumschränkte Herrschaft des Satans.

Solche Polemik richtete sich vor allem gegen die herkömmliche Kirche mit ihrem zum Teil korrupten Klerus. Dass die Leute von Montaillou in ihrer Lebenspraxis sich ihrerseits nicht besonders tadelsfrei verhielten, war die von Jacques Fournier ermittelte Wahrheit. Fünf Todesurteile ergingen schließlich und wurden vollstreckt. Die meisten Angeklagten zeigten Reue und beugten sich der veränderten geistlichen Situation. Bischof Jacques Fournier wurde später als Benedikt XII. Papst in Avignon. Ein Dorf namens Montaillou existiert auch heute noch.

Die Lehre der hochmittelalterlichen Katharer hatte sich, ausgehend von den Niederlanden, einst über ganz Westeuropa ausgebreitet. Ihre stärkste Anhängerschaft fand sie in Südfrankreich, wo fast die gesamte Provence und dort fast der gesamte Adel katharisch wurde.

Mit einem von 1209 bis 1229 geführten Kreuzzug begann die Verfolgung. Unter Führung eines päpstlichen Legaten rotteten fanatisierte Ritter aus Mittel- und Südfrankreich die Katharer systematisch aus und nahmen anschließend von deren Land Besitz. Die Massaker erreichten derartige Ausmaße, dass der Papst sich um Mäßigung bemühte: ohne Erfolg. 1244 fiel die letzte Festung. Massenhinrichtungen auf dem Scheiterhaufen beendeten allen Widerstand. Nur die Gegend von Montaillou blieb damals verschont, ihrer Abgelegenheit wegen.

Fast zweihundert Jahre später redete der Volksprediger Bruder Richard zu Paris zehn Tage hintereinander zu den Menschen. Er begann morgens früh um fünf und endigte zwischen zehn und elf Uhr. Meist sprach er auf einem Friedhof, den Rücken den offenen Beinhäusern mit ihren aufgestapelten Schädeln zugekehrt. Nach seiner zehnten Predigt musste er mitteilen, es sei dies seine letzte gewesen, da er keine Erlaubnis für weitere habe, worauf seine Zuhörer so herzzerreißend weinten, als trügen sie ihren besten Freund zu Grabe. Als Bruder Richard Paris verließ, folgten ihm um die sechstausend Menschen und übernachteten in Erwartung einer neuen Predigt auf dem offenen Feld.

Bruder Richard war einer jener Wanderprediger, die durch die Landschaften zogen und das Volk anlockten, das sich geistige Abwechslung und wohl auch die seelische Linderung seiner Nöte von ihnen erhoffte. Es waren Eiferer unter diesen Predigern und Scharlatane, Charismatiker, Verführer und Betrüger. Sie heizten die latente Furcht vor dem Satan an und vor den Qualen der Hölle. Sie instrumentalisierten die Angst vor den großen Plagen und dem namenlosen Unglück. Die Welt war ganz offensichtlich aus den Fugen, man suchte Arzneien dagegen.

Die waren häufig genug ihrerseits Gifte und erwiesen sich als jene Krankheit, die zu bekämpfen sie vorgaben. Zwei Erfindungen des Spätmittelalters zwecks Beförderung des Seelenheils und der moralischen Gesundung haben in Wahrheit die offensichtliche Krise der Gesellschaft nur noch vorangetrieben. Wir reden von der Hexenverfolgung und dem Ablasshandel.

Der Hexenwahn ist eine äußerste Form jenes Dämonenglaubens, wie er zusammen mit dem Christentum das gesamte Mittelalter durchlief. Geistesgeschichtlich liegen seine Ursprünge in vorchristlich-heidnischen Religionsüberzeugungen, die durch die christliche Bekehrung nur überdeckt und unterdrückt, nicht aber völlig beseitigt wurden; in Aberglauben, Volksmythologien und magischen Bräuchen kam er über die Jahrhunderte, problemlos auf- und abrufbar immer dann, wenn sich dazu die Gelegenheit ergab. Auch das Christentum bediente sich beherzt aus jenem Reservoir. Es verknüpfte die Sache mit den Satansepisoden des Neuen Testaments und schuf sich daraus eine eigene Dämonologie. Die Versuchung des heiligen Antonius operierte damit; die beliebten Darstellungen des frommen Mannes aus Mittelägypten samt den ihn bedrängenden, teils geilen, teils schrecklichen Höllengestalten führen es sichtbar vor. Zauberei und Hexenwesen wurden bis ins Hochmittelalter lediglich durch Kirchenbußen bekämpft. Die Verschärfung der Maßnahmen ging einher mit der Bekämpfung der Ketzerei und erfolgte zusammen mit der wachsenden Macht der kirchlichen Inquisition. Ketzerei und Hexenglauben: Das eine stand für das andere, und allemal waren als Strafverfolger beteiligt die Mönche vom Orden des heiligen Dominikus, die, halb spöttisch, halb furchtsam, auch *domini canes* genannt wurden, Spürhunde Gottes. Das Inquisitionsgericht gegen die Einwohner von Montaillou war eine dominikanische Einrichtung.

Der Vorwurf der Hexerei geriet zu einem bevorzugten Mittel der Denunziation. Vorstellungen von Hexensabbat und schmutziger sexueller Vermengung mit Höllengeistern ergriffen die Phantasie des Volkes und konnten sich zu förmlichen Massenhysterien steigern. Päpstliche Anweisungen und ein kirchliches Handbuch zur Hexenverfolgung regelten die Prozesse. Wer einmal als Hexe überführt war, etwa weil er sich unter der Folter dazu bekannt hatte, wurde auf dem Scheiterhaufen verbrannt.

Beim Ablass handelt es sich um die Fortentwicklung einer alten katholischen Religionsübung. Durch bestimmte Leistungen wie Gebet, gute Werke, Fasten und Pilgerschaft konnte ein voller oder teilweiser Nachlass von Sündenstrafen durch einen kirchlichen Würdenträger gewährt werden; es war dies nichts anderes als eine Form der Fürbitte, wie sie in der Liturgie und dort in den Gebeten um die Versöhnung Gottes mit einem lebenden oder toten Kirchenmitglied geleistet wurde.

Der eigentliche Ablass kam Ende des zwölften Jahrhunderts in Übung und wurde bald ein Privileg der Päpste, die darin einen sprudelnden Quell zur Aufbesserung ihrer stets desolaten Finanzlage erkannten. Schließlich bürgerte sich in der Amtskirche ein förmlicher Ablasshandel ein. Geistliche verkauften entsprechende Papiere und behaupteten, auch ohne persönliche Reue des Sünders seien damit die von ihm begangenen Sünden vergeben. Es war vor allem diese Geschäftspraxis, die 1517 den Wittenberger Augustinermönch Martin Luther zur Formulierung seiner 95 Thesen zwang.

DIE MEDICI

Wie in allen anderen hoch- und spätmittelalterlichen Städten waren die einzelnen Wirtschaftszweige der toskanischen Stadt Florenz zusammengefasst in Gilden. Hier trugen sie den Namen *arti*, Künste, und da gab es *arti maggiori* und *arti minori*, höhere und niedere Künste; zu Letzteren gehörten die einfachen Handwerker wie Steinmetze und Grobschmiede, während unter die edlen Berufe die verschiedenen Formen des Kaufmannsgewerbes zählten. Die höheren Künste hatten in der Stadtverwaltung die Macht. Dies alles war in Florenz nicht viel anders als in den übrigen höherentwickelten Städten Europas.

Von den edlen Florentiner Gilden trug eine den Namen *Arte della Lana*. Lana heißt Wolle, in der entsprechenden Gilde waren die Tuch- und Pelzhändler organisiert. Ein führendes Mitglied der *Arte della Lana* stellte die Familie de' Medici.

Sie stammte aus der Umgebung von Florenz und hatte sich die Grundlagen ihres Reichtums zunächst durch den Holzhandel geschaffen. Bald wechselte sie in ein anderes, damals noch verhältnismäßig junges Gewerbe, nämlich in den Umgang mit Finanzen.

Die Medici wurden Bankiers. Der 1360 geborene Giovanni di Bicci de' Medici erlernte die Fertigkeiten des Geldgeschäftes bei einem Onkel, dessen Minderheitspartner er bald wurde, um schließlich die Filiale des gemeinsamen Unternehmens in Rom zu leiten. Er ehelichte eine Frau mit Vermögen. Von ihrem Gelde erkaufte er sich das alleinige Eigentum an der römischen Geschäftsstelle. Rom war finanzwirtschaftlich besonders interessant, es war der Sitz der Päpste. Die, Herrscher über den Kirchenstaat und Bischof aller katholischen Bischöfe, hatten ein beträchtliches Repräsentationsbedürfnis. Giovanni Bicci de' Medici diente sich dem Vatikan mit Erfolg als Geldbeschaffer an. Als sein Onkel starb, kehrte er ins heimische Florenz zurück, und ohne die Verbindungen mit Rom etwa zu vernachlässigen, gründete er die Banca dei Medici. In der Folge stieg er auf zu einem der reichsten Bürger der Stadt.

Florenz gehörte zu den mächtigen Stadtstaaten Italiens, neben Mailand, Pisa, Genua und Venedig. Die drei letzten waren Seestädte. Ihr wirtschaftliches Fundament bildete der Fernhandel, vornehmlich mit Ländern am östlichen Mittelmeer. Der Wettbewerb unter den Städten konnte aggressive Formen annehmen und zu erbitterten Kriegen führen.

Alle Stadtstaaten, ausgenommen Mailand, waren Republiken. Es gab in ihnen parteiähnliche Interessenverbände, in denen sich die jeweils mächtigen Familien zusammenfanden, um die Inhaber der staatlichen Verwaltungsämter zu stellen. Oberster Repräsentant in Venedig wie in Genua war ein Doge. In Florenz wählte die Signoria, höchste republikanische Instanz, aus ihrer Mitte den Gonfaloniere, dessen Machtbefugnisse denen eines Dogen entsprachen.

Die Medici setzten einiges daran, eine führende Rolle in der Stadt zu erlangen, entsprechend ihrer finanziellen Ausstattung und zum höheren Zweck des eigenen wirtschaftlichen Fortkommens. Der Florentiner Historiker Giovanni Villani, im Hauptberuf gleichfalls Bankier, umschrieb es so: «Die Medici wurden instand gesetzt, die Vorherrschaft im Namen der Freiheit und mit Unterstützung des Volkes und des Pöbels zu erringen.»

Giovanni Bicci de' Medici sorgte dafür, dass sein Sohn Cosimo im Familiengeschäft eine angemessene Ausbildung erfuhr. Cosimo übernahm nach dem Tode des Vaters die Leitung der Bank. Vorläufig war die Stellung der Familie innerhalb der Stadt noch nicht unumstritten, es gab andere, kaum minder einflussreiche und mächtige Sippen. Eine davon waren die Albizzi. Sie bestimmten den Gonfaloniere, und zunächst behaupteten ihre Anhänger die Mehrheit in der Signoria. Die wachsende Macht des Hauses Medici wurde ihnen lästig. Schließlich behaupteten sie, Cosimo plane den Sturz der Republik. Der Gonfaloniere erließ einen Haftbefehl gegen ihn, und der brachte es fertig, sich zu stellen.

Ihm drohte das Todesurteil, doch es gelang ihm, den Gonfaloniere zu bestechen, mit eintausend Dukaten, und plötzlich bestand seine Strafe nur noch darin, dass er und die Seinen sich auf zehn Jahre aus der Stadt entfernen sollten. Cosimo ging nach Venedig. Dort besaß die Banca dei Medici eine Zweigniederlassung, die Cosimo jetzt übernahm. Sein Einfluss war bald groß genug, dass die venezianischen Behörden sich in Florenz nachdrücklich für ihn verwendeten.

Florenz wählte eine neue Signoria. Die Mehrheitsverhältnisse in ihr änderten sich. Das Urteil gegen die Medici wurde aufgehoben, ein Jahr nach Beginn der Strafe kehrte Cosimo in seine Heimatstadt zurück. Die Signoria beauftragte ihn mit der Regierungsgewalt. Jetzt wurden die Albizzi aus der Stadt verbannt, und ihr Vermögen wurde eingezogen. Dass bei der Sache kein Blut floss, war durchaus ungewöhnlich und verdankte sich den Medici. Dass die einbehaltenen Gelder der Albizzi der Stadtkasse zuflossen, sicherte Cosimo eine breite und andauernde Unterstützung durch das Volk.

Er benutzte sie, um die Verfassung von Florenz umzubauen. Zwar blieb der republikanische Gedanke erhalten, doch er wurde zur Formalie, denn in Wahrheit ging es darum, der Medici-Sippe eine dauerhafte, eine gewissermaßen monarchische Stellung einschließlich einer garantierten Erbfolge zu sichern. Cosimo erreichte dies, indem er seinen finanziellen Reichtum geschickt einsetzte, um über Darlehen Freunde an sich zu binden und Feinde zu vernichten. Seine Begründung war, Staaten ließen sich nicht durch Vaterunser regieren. Dabei lebte er persönlich eher bescheiden, auch Dünkel war ihm fremd; begabt mit dem Blick fürs Nützliche, bestellte er seine Mitarbeiter nicht (oder nicht nur) ihres familiären Hintergrunds wegen, sondern vornehmlich wegen ihrer Fähigkeiten. So erhielten auch Leute von niederer Herkunft die Möglichkeiten zum gesellschaftlichen Aufstieg.

Cosimos Popularität im Volk war weiterhin beträchtlich. Er bekannte sich als Florentiner Patriot und setzte alles daran, die Sicherheit seiner Heimatstadt zu festigen, wobei es ihm nicht vorrangig um die territoriale Ausdehnung ging. Er wollte vor allem die Wirtschaft stärken und suchte einen Ausgleich mit Gegnern, schloss Bündnisse und Vereinbarungen mit fremden Monarchen und bediente seinen alten Geschäftspartner, den Papst.

Er heiratete Contessina de Bardi, eine Tochter aus aristokratischer Familie. Sie gebar ihm zwei Söhne. Mit seiner Geliebten, einer anmutigen Sklavin, zeugte er einen weiteren Spross. Die drei Kinder wuchsen im väterlichen Palast gemeinsam auf.

Cosimo litt an der Familienkrankheit aller Medici, der Gicht, und starb 1464, im damals beachtlichen Alter von 75 Jahren. Seine Frau würde ihn um neun Jahre überleben.

Mehrere Porträts existieren von ihm, die Maler waren Sandro Botticelli, Jacopo da Pontormo und Benozzo Gozzoli. Sie zeigen einen Mann von mittlerer Statur, mit gelber Gesichtsfarbe, zurückgestrichenem Grauhaar, langer Nase und vorgeschobener Unterlippe. Der Ausdruck ist leutselig und ernst.

Cosimo de' Medici. Porträtbildnis von Jacopo da Pontormo.
Um 1518.

Der Geschichtsschreiber Benedetto Varchi, der im sechzehnten Jahrhundert lebte, notierte:
«Dass die griechische Literatur nicht völlig vergessen wurde, was für die Menschheit ein großer Schaden gewesen wäre, und dass die lateinische Literatur zum unendlichen Nutzen der Menschen wiedererweckt worden ist – dies verdankt ganz Italien, nein, die ganze Welt einzig und allein der hohen Weisheit und Güte des Hauses Medici.»
In der Tat betrafen Cosimos wahrscheinlich folgenreichste Leistungen kulturelle Dinge. Er war ein engagierter Mäzen. Er stiftete die Biblioteca Medicea Laurenziana, eine öffentliche und für jedermann zugängliche Bücherei. Er beauftragte Michelangelo mit dem Bau seines Palastes. Er förderte Fra Angelico, Brunelleschi, Filippo Lippi und Donatello. Sie alle sind künstlerische Repräsentanten der italienischen Renaissance, und in der Tat gehörte Cosimo sowohl mit seiner wirtschaftlichen Existenz wie auch mit seinen kulturellen Maßnahmen eindeutig bereits in jenes Zeitalter, das dem Mittelalter folgte. Genauer: Es waren Leute wie Cosimo, die ebendiesen Wechsel bewirkten.

DAS KONZIL VON KONSTANZ

Das letzte päpstliche Schisma wurde 1417 beendet, auf einem Konzil, das im süddeutschen Konstanz stattfand. Es ging darum, die drei zuletzt nebeneinander amtierenden Päpste durch einen einzigen zu ersetzen.

Die Versammlung war eine der größten, längsten und wichtigsten in der gesamten Kirchengeschichte. Sie wurde von Würdenträgern aus ganz Europa besucht, geistlichen wie weltlichen. Der Erzbischof des polnischen Gniezno erschien ebenso wie der Metropolit von Kiew. Der Ort war einigermaßen geschickt ausgewählt, da er sich sozusagen im geographischen Mittelpunkt der Grenzregionen von Italien, Deutschland und Frankreich befand. Nach Bordeaux war es von hier aus ungefähr ebenso weit wie nach Krakau, London und Rom. Das Konzil tagte insgesamt dreieinhalb Jahre, von 1414 bis 1418. Es stand unter der Leitung des deutschen Königs Sigismund, der außerdem noch König von Ungarn und, was bald recht erheblich sein sollte, König von Böhmen war.

Der Auftrieb zu jenem Großereignis am Ufer des Bodensees war gewaltig. Riesige Zeltstädte entstanden. Die Mächtigen, die anreisten, brachten ihr Gefolge mit, das gleichfalls verköstigt werden musste und nach Zerstreuung verlangte, womit sich eine Armada von Köchen, Kaufleuten, Marketendern und Huren befasste.

Das Konzil traf so säkulare Entscheidungen wie die Belehnung des Nürnberger Burggrafen aus dem Hause Hohenzollern mit der Mark Brandenburg. Am Ende fiel auch das Schisma. Alle drei Gegenpäpste wurden für abgesetzt erklärt und abgelöst durch einen neuen und einzigen Papst aus dem römischen Adelsgeschlecht der Colonna.

Die institutionelle Krise des Papismus war damit bewältigt, die theologische Krise der Kirche war es noch lange nicht. Ihre allzu enge Einlassung in weltliche Angelegenheiten, die auch Ursache gewesen war für das Schisma, dazu die unübersehbaren Symptome ihrer Degeneration hatten unter anderem die Reformorden hervorgebracht, deren Angehörige immerfort predigend und eifernd durch die Länder Europas zogen. Sie hatten jene anderen Reformbestrebungen bewirkt, die nach einer Erneuerung des christlichen Lebens und der christlichen Institutionen von Grund auf strebten. Die Katharer gehörten dazu und die Theologie des John Wycliff. Der englische Geistliche aus Oxford hatte in seinen Schriften harsche Kritik an der katholischen Kirchenpraxis geübt und eine englische Bibelübersetzung verfertigt. Wycliff wurde auch zum Beratungsgegenstand in Konstanz.

45 entscheidende Artikel aus seinen Schriften ereilte das Urteil, Ketzerei zu sein.

Wycliff war 1384 verstorben. Der Ruhm und die Wirkungsmacht seiner Reformlehre blieben nicht auf England beschränkt. Einen besonderen Widerhall fanden sie in der böhmischen Hauptstadt Prag. Hier, an der Universität, lehrten der tschechische Theologe Jan Hus und sein Mitstreiter Hieronymus. 1413 schrieb Hus sein Hauptwerk *De ecclesia*, worin er dartat, dass die Kirche eine nichthierarchische Vereinigung sei, die als ihr einziges Oberhaupt einzig Christus anerkennen dürfe. Zudem hielt er seine Predigten an der Prager Jerusalemkapelle auf Tschechisch, womit er dem Autonomiebestreben jener Völkerschaft, aus der er kam und für die er wirkte, einen entscheidenden Impuls verlieh.

Seine Schrift wurde von der Amtskirche umgehend als Ketzerei verurteilt. Dies geschah noch unter dem Schisma. Hus mochte das nicht akzeptieren. Daraufhin lud man ihn vor das Konstanzer Konzil, vor dem er dann auch auftrat, denn er wollte seine Auffassung persönlich vertreten. König Sigismund hatte ihm ausdrücklich freies Geleit zugesichert, worauf Hus sich, wie er meinte, verlassen durfte.

Dies war sein tödlicher Irrtum. Sigismund witterte in Hus eine Gefahr für den Frieden in seinem böhmischen Herrschaftsgebiet, und er wollte diese Gefahr beseitigen, notfalls unter Bruch seines königlichen Versprechens. Er erkannte nicht, dass er mit seinem persönlichen Verrat eine noch viel größere Bedrohung des Friedens in Böhmen heraufbeschwor.

Jan Hus wurde in Konstanz zum Ketzer erklärt und am 6. Juli 1415 gemeinsam mit seinem gleichfalls in Konstanz weilenden Mitstreiter Hieronymus auf dem Scheiterhaufen verbrannt. Die beiden sangen, weithin hörbar, fromme Hymnen, bis ihre Stimmen in Flammen und Rauch erstarben.

Die Nachricht vom Märtyrertod des Jan Hus führte in Böhmen zu Massenprotesten. Schließlich brachen jene bewaffneten Aufstände los, die als Hussitenkriege Geschichte machten. In ihnen verbanden sich nicht nur religiöse und soziale Motive, sondern es trat noch eine ethnische Bestrebung hinzu: Die Bürgerkriegszüge der Taboriten waren die erste große nationale Erhebung in der neueren europäischen Geschichte.

Die Hussiten setzten einen Teil ihrer religiösen Forderungen zunächst durch, was jedoch durch die katholische Amtskirche bald wieder zurückgenommen wurde. Die Lehre des Jan Hus selbst wirkte weiter, in theologischer wie in sozialer Hinsicht, in Böhmen wie jenseits der böhmischen Grenzen; der nächste Reformator, der auf den Plan trat, kam aus Deutschland und hieß Martin Luther.

Nicht nur in diesem Fall gingen religiöse Erneuerungsbewegung und sozialer Protest ineinander über. Einer der Anhänger des englischen Reformators Wycliff war der Priester John Ball aus York. Er predigte dem Landvolk, erregte damit den Ärger der Hochkirche und wurde exkommuniziert. Er tat sich zusammen mit dem ehemaligen Landsknecht Wat Tyler, und beide organisierten eine Bauernrevolte, Ball erfand dafür die provokative Losung: *When Adam delved and Eve span/Who was then the gentleman?* (Als Adam grub und Eva spann/Wo war da der Edelmann?) Hauptforderung des Aufstands war das Ende der Leibeigenschaft, die dann vom König, es war Richard II., tatsächlich aufgehoben wurde. Englands Abschied vom Mittelalter hatte begonnen.

Dies geschah Ende des vierzehnten Jahrhunderts. Ein paar Jahre zuvor hatte es in Paris eine Revolte mit rein säkularen Motiven gegeben: Etienne Marcel, ein reicher Tuchhändler, war Prévost in der Stadt, was in etwa dem Amt eines Oberbürgermeisters entsprach. Frankreich befand sich im Hundertjährigen Krieg gegen England, das französische Königtum schwächelte, und Marcel unternahm den Versuch, für die Stadt mehr politi-

Denkmal für Jan Hus in Prag. Arbeit von Ladislav Saloun. 1915.

sche Autonomie zu erlangen. Er war ein Mensch von großer Beredsamkeit und hohem Ansehen. Marcel fand kirchliche Unterstützung, setzte korrupte Beamte ab und installierte eine Kontrolle der Finanzen. Der Hof gab dem anfangs nach, änderte dann aber seine Haltung. Marcel übernahm mit Unterstützung bewaffneter Handwerker und Arbeiter die Alleinherrschaft in Paris. Der Anführer einer königsnahen Partei, Jean Maillart, erschlug ihn mit einer Axt. Marcels Aufstand brach zusammen, Paris unterwarf sich wieder dem Königshaus.

In alldem, geglückten Revolten wie gescheiterten, kündigte sich eine fundamentale geschichtliche Veränderung an. Sie trat nicht plötzlich auf. Immer wieder geschahen Rückschläge und Rückschritte, doch der Wandel war unaufhaltsam. Ein Zeitalter lief aus.

EPOCHENENDE

Johannes Fried, der das Mittelalter ausführlich betrachtet und bewertet hat, kommt zu diesem Urteil:

«Jede große Kultur stirbt langsam ab; und selbst im Untergang leitet sie Transformationen und Transmissionen des kulturellen Wissens ein, bewirkt also Wissensinnovation … Die Weltgeschichte gleicht eher jener Silva, jenem Urwald, den antike und scholastische Naturphilosophen zum Baustoff der Welt erklärten, als einem gehegten Weinberg, in dem der Weltgärtner mit scharfem Schnitt alte Ranken entfernt und verbrennt. Absterbendes Holz und frische Triebe zeigen sich zugleich … Die Horizonterweiterung vollzog sich im Nah- und im Fernbereich, bald schritt-, bald sprungweise.»

Seine Bewertung des Gesamtgeschehens fällt bemerkenswert positiv aus:

«Es war das lateinische Mittelalter, das seit Karl dem Großen in immer neuen Zugriffen auf die Antike, in immer neuen Hinwendungen seine Eliten an Sprache, Kunst und Denken der Alten schulte, seinen Blick in die Welt schärfte, sein Können zur Bewährung in ihr zu vollenden strebte und das sich auf diese Weise öffnete für jedwede Auseinandersetzung mit Überliefertem und Fremdem, mit Feindlichem, das selbst dem Teufel die Stirn bot und vor fremden Religionen nicht scheute. Seine Zeitgenossen verstanden immer aufs Neue, das überkommene Wissen sich anzueignen und fortzubilden, Neues zu begründen und zu gestalten, Wissenschaft und Weltbild zu revolutionieren. Dieses Mittelalter war in eminentem Maße schöpferisch. Es entdeckte und betrat den Weg in die Welt; es war Aufbruch und Fortschreiten zur Moderne.»

Das Mittelalter als fortwährende Renaissance? Dies impliziert die Behauptung eines sozusagen bruchlosen Übergangs zu den nachfolgenden Epochen. Solche Überzeugung wird nicht von jedem Betrachter geteilt.

Ein anderer Mittelalterhistoriker, der Franzose Jacques Le Goff, macht aufmerksam auf das überwiegend pessimistische Selbstbild des mittelalterlichen Menschen «als eines schwachen, lasterhaften, vor Gott gedemütigten Wesens». Denn: «Jeder Teil des Leibes, jedes fleischliche Merkmal ist ein Symbol, das auf die Seele verweist. Heil oder Verdammnis realisieren sich in Leib und Seele, oder vielmehr erfüllt sich das Schicksal der Seele durch den Leib.»

Das ist weder Aristoteles noch Boëthius. Das ist der düsterste Text aus dem Alten Testament, das Buch Hiob, das sich von aller Antikerezeption ebenso abwendet wie, in der Baukunst, die mitteleuropäische Gotik. Mit der Vernunftgeneigtheit, der Selbstfeier, dem stolzen Individualismus der italienischen Renaissance hat es wenig zu schaffen.

Woran also dürfen wir uns halten? Die Frage geht über unseren Gegenstand weit hinaus. Sie möchte wissen, ob Geschichte bloß die zufällige, oft zusammenhanglose Addition von Ereignissen ist oder ob sie einer heimlichen Logik folgt mit den Zielen Fortschritt und Emanzipation, ob sie einen Sinn hat. Derlei bewegt die Geschichtswissenschaft, solange sie existiert. Die Antworten, die gegeben werden, beeinflussen unsere Betrachtungen des Mittelalters nicht zuletzt.

ZUM WEITERLESEN

Philippe Ariès: Geschichte der Kindheit. München 1987.

Philippe Ariès / Georges Duby (Hg.): Geschichte des privaten Lebens. Vom Feudalzeitalter zur Renaissance. Bd. 2, Frankfurt / Main 1990.

Frank M. Ausbüttel: Theoderich der Große. Der Germane auf dem Kaiserthron. Darmstadt 2004.

Klaus Bergdolt: Der schwarze Tod in Europa. Die große Pest und das Ende des Mittelalters, München 2000.

Barbara Beuys: Denn ich bin krank vor Liebe. Das Leben der Hildegard von Bingen, München 2001.

Andreas Blauert / Gerd Schwerhoff: Mit den Waffen der Justiz. Zur Kriminalitätsgeschichte des späten Mittelalters und der frühen Neuzeit, Frankfurt / Main 1993.

Arno Borst: Lebensformen im Mittelalter. Berlin 1973.

Arno Borst: Alltagsleben im Mittelalter. Frankfurt / Main 1983.

Joachim Buhmke: Höfische Kultur. Literatur und Gesellschaft im hohen Mittelalter, München 1997.

Achim Diehr: Literatur und Musik im Mittelalter. Berlin 2004.

Philippe Dollinger: Die Hanse. Stuttgart 1989.

Georges Duby: Die Zeit der Kathedralen. Kunst und Gesellschaft 980–1420, Frankfurt / Main 1992.

Alain Ducellier: Byzanz. Das Reich und die Stadt, Frankfurt / Main 1990.

Umberto Eco: Kunst und Schönheit im Mittelalter, München 1993.

Evamaria Engel: Die deutsche Stadt des Mittelalters, München 1993.

Edith Ennen: Die europäische Stadt des Mittelalters, Göttingen 1987.

Karl Suso Frank: Geschichte des christlichen Mönchstums, Darmstadt 1996.

Johannes Fried: Das Mittelalter. Geschichte und Kultur, München 2008.

Horst Fuhrmann: Einladung ins Mittelalter, München 1987.

Horst Fuhrmann: Die Päpste, München 1989.

Bronisław Geremek: Geschichte der Armut, München 1988.

Hans-Werner Goetz: Leben im Mittelalter, München 1996.

Dieter Hägermann: Karl der Große. Herrscher des Abendlandes, Berlin 2000.

Heinz-D. Heimann: Einführung in die Geschichte des Mittelalters, Stuttgart 1997.

Johan Huizinga: Studien über Lebens- und Geistesformen des 14. und 15. Jahrhunderts in Frankreich und in den Niederlanden. Hrsg. von Kurt Köster, Stuttgart 1998.

Ernst Koch: Das konfessionelle Zeitalter. Katholizismus, Luthertum, Calvinismus, Leipzig 2000.

Gerd Krumeich: Jeanne d'Arc. Die Geschichte der Jungfrau von Orléans, München 2006.

Jacques Le Goff (Hg.): Der Mensch des Mittelalters, Frankfurt/Main 1997.

Emmanuel LeRoy Ladurie: Montaillou. Ein Dorf vor dem Inquisitor, Berlin 1975.

Golo Mann/August Nitschke (Hg.): Propyläen Weltgeschichte. Bd. 4–7, Berlin 1964.

Herbert Nette: Friedrich II. von Hohenstaufen, Reinbek 1975.

Norbert Ohler: Krieg und Frieden im Mittelalter, München 1997.

Norbert Ohler: Sterben und Tod im Mittelalter, München 1997.

Régine Pernoud: Heloise und Abaelard. Ein Frauenschicksal im Mittelalter, München 1994.

Volker Reinhardt: Die Medici. Florenz im Zeitalter der Renaissance, München 1998.

Werner Rösener: Bauern im Mittelalter, München 1991.

Ferdinand Seibt: Glanz und Elend des Mittelalters. Eine endliche Geschichte, Berlin 1987.

Rolf Toman (Hg.): Die Kunst der Romanik, Köln 1996.

Rolf Toman (Hg.): Die Kunst der Gotik, Köln 1998.

Wilhelm Volkert: Adel bis Zunft. Ein Lexikon des Mittelalters, München 1991.

Hannah Vollrath: Thomas Becket. Höfling und Heiliger, Göttingen 2004.

Alvise Zorzi: Marco Polo. Eine Biographie, Hildesheim 1992.

BILDNACHWEIS

DER AUTOR

Rolf Schneider, geboren 1932 in Chemnitz, ist Schriftsteller, Dramaturg und Regisseur. Seine Romane und Theaterstücke wurden mit zahlreichen Preisen ausgezeichnet. Zudem hat er eine Vielzahl von Sachbüchern veröffentlicht, darunter «Wagner für Eilige» (2002) und den Bildband «Vor 1000 Jahren – Alltag im Mittelalter» (1999), der zum Standardwerk geworden ist.